Isabelle Desesquelles

HISTOIRE DE LA FEMME SAUVAGE

Roman

JC Lattès

Maquette de couverture : Le Petit Atelier.

ISBN : 978-2-7096-7495-9

Première édition janvier 2025.

À Éric. Il est toutes les aubes.
À notre fils Cristal.

« Nous fûmes les Guépards, les Lions ;
ceux qui nous remplaceront seront les chacals,
les hyènes ; et tous ensemble, Guépards, chacals
et moutons, nous continuerons à nous considérer
comme le sel de la terre. »

Giuseppe Tomasi di Lampedusa, *Le Guépard*

Les souvenirs ont besoin de nous pour les raconter.
Qu'on les cache et ils rusent, continuent leur vie
plus longue que la nôtre.
Ils ne sont pas les cendres, ils sont l'étincelle.
Et plein d'imagination.

Pourquoi pourquoi j'erre dans le temps,
attrapant un oubli, étirant le passé sans le lisser ?
Pourquoi pourquoi on hériterait d'une mémoire
trop courte enroulée comme une boucle ?
On tire dessus, on a les épaules pour.

Pourquoi pourquoi une enfant a cru,
mais vraiment, à trois mots au fronton
de son école.
Dans sa tête, elle les changeait de place, d'ordre,
les essayait. Et ils gardaient leur sens.
Elle ne les priait de rien, ils étaient là.

Été 1954

Il fait chaud, tous sont rentrés se mettre au frais comme on met des provisions au réfrigérateur. Made attrape les phrases tel un filet attrapant les poissons et les papillons, elle s'amuse des mots dits, les a sur le bout de la langue, les fait rebondir d'une joue à l'autre, les retient. Ils la propulsent hors du périmètre établi par les adultes, la limite à ne pas franchir, cette loi, la famille.

Pour elle, en sortir c'est s'en sortir.

À treize ans, difficile de se le formuler aussi précisément, cela viendra plus tard, mais elle a compris l'essentiel, faire prendre l'air à son imagination lui est salutaire.

Made a surpris sa mère en nage mettre sa tête dans le réfrigérateur entre les côtelettes, les abats, et un reste de chleta. Ni la viande ou les poivrons grillés baignant dans l'huile n'ont bronché. L'arrière-cuisine aligne les bocaux, un potager stérilisé de tout ce que les siens arrivent à cultiver en plus des olives, des figues, du raisin récoltés en abondance. Ils ont de bonnes parcelles, d'un seul tenant et irriguées, au pied de la montagne. Une oliveraie à perte de vue dans la vallée où coule le fleuve de la Soummam aussi continûment que leur huile du pressoir. On vient d'Alger la leur acheter, ça ne risque pas d'arriver avec le lait caillé préparé par Léa. Chaque matin la mère de Made secoue invariablement sa bouteille pleine de grumeaux dégoûtants.

— Le meilleur.

Elle a beau l'assurer, sa fille n'en boira pas une goutte. Elle a fait avaler à sa mère qu'elle ne serait pas Madeleine, un prénom hérité d'une arrière-grand-tante paternelle, chaque fois que le regard de l'enfant se posait sur la vieille dame elle ne pouvait s'empêcher de penser, *Pourvu qu'il n'y ait que nos prénoms qui se ressemblent.* La gamine et son arrière-grand-tante répondaient d'une même voix à leur prénom et on s'esclaffait, la plus jeune était révoltée qu'on les confonde, l'avait décrété, elle ne serait pas Madeleine mais Made, et tant pis si sa mère n'y voyait pas un diminutif chrétien. Léa avait dû abdiquer, fatiguée de répéter dans le vide un prénom finalement enterré avec l'arrière-grand-tante la pesante.

Et une enfant y arrive, être Made.

*

Une fournaise du Sahara soufflée par le simoun ce vent du sud, soulève une poussière rouge, elle se dépose sur les parebrises, les cils des ânes, la crinière des chevaux, jusqu'entre les franges du foulard que Nour inaugure pour satisfaire son père. Hors de sa vue elle l'enlève aussitôt, fera de même demain et tous les lendemains, gagnera du temps. Elle ne veut pas grandir, ne veut pas être une fille que l'on troque, une que l'on contraint et cumule à d'autres épouses, se le dit précisément du haut de ses treize ans.

Made et Nour, deux gamines nées à trois semaines d'intervalle, quasi la même taille, mêmes frisottis à la base du front, même peau. Surtout une même attente : ne pas être séparées. Quand un vent du désert dépose sur l'à peine plus pâle ses grains de poussière ocre, sa peau prend une nuance mordorée, la teinte exacte d'une Nour au soleil.

Made a observé les nouveaux coups d'œil des journaliers autant que de ses cousins sur son amie. À l'instant une fatma ne vient-elle pas de dire tout haut ce qu'eux pensent bien bas ?

— Nour attire le regard, ce n'est plus une petite, plus du tout. Il ne faudrait pas qu'un homme se laisse…

Made n'aurait pas compris si l'autre avait parlé kabyle mais elle s'adressait à Grand Ma, sa grand-mère, et une règle de la maison veut que les indigènes aient interdiction de parler kabyle aux membres de la famille. Ne travaillent pour eux que ceux connaissant suffisamment le français, Léa l'a décrété, c'est mieux pour les enfants.

Et la fatma mauvaise langue, c'est mieux ?

— Nour est petite encore mais pas… comme il faudrait vous voyez.

— Non, je ne vois pas. Du tout.

Grand Ma a bien répondu, elle sort aussitôt de la pièce. Son air préoccupé Made le connaît, elle décide de la suivre, direction l'arrière-cuisine où Léa – qu'elle n'arrive pas à appeler *maman* dans sa tête – n'aime rien tant que compter les bocaux. D'un côté ceux qu'ils mangeront, de l'autre ceux qu'ils vendront. Sa mère a obtenu que l'argent qu'ils en retireraient pourvoie aux études de ses filles, et le père de Made, quand il regarde sa femme, a un sourire qui pourrait bien être celui d'un amoureux.

Grand Ma déboule devant les conserves.

— Tu es au courant pour Nour ?

— Au courant de quoi ?

— Ils envisagent de marier la petite.

— Elle a l'âge.

— Elle a l'âge ! Elle a l'âge de Made, tu la donnerais ta dernière ?

— Ils ont dû avoir une bonne offre.

— Je vais parler à Dihya, savoir ce qu'ils ont prévu pour leur fille, on ne va pas laisser faire.

— Si son sang a coulé, rien ne l'interdit.

— Tu ne m'as pas dit pour Made, c'est le cas ?

— Non, ses sœurs étaient plus précoces.

— Tu te trompes, Léa, ta plus jeune est autrement plus précoce, elle comprend loin. Même ce qu'elle ne sait pas. Il faudra être vigilant avec une pareille enfant. Made croit que tout s'arrête à

Nour, elle ne voit pas le mal, on devra la laisser tranquille cette petite.

Made en a un haut-le-cœur, Nour mariée ! Et c'est quoi cette histoire de sang ? Qui va, elle le pressent, avec les cachotteries de ses sœurs, *les pénibles,* elle a aussi renommé ses aînées qui l'excluent de tout.

Si Made a bien compris, tant qu'un sang ne coule pas d'elle on est à l'abri. Elle va tout faire pour le retenir, qu'il reste où il est, va prévenir Nour que les adultes ont décidé qu'elles étaient arrivées à la fin de quelque chose.

À la fin de quand on a un corps plat.

Elle suit sa grand-mère au bout du couloir, reste derrière la porte de la pièce où une Grand Ma photographe fait poser Dihya à l'abri des regards. Un endroit exprès avec une fenêtre à la place du mur, un espace baigné de lumière, surchauffé, le soleil y est comme chez lui, vous perce à jour, l'effet qu'il provoque quand on voit les photos de Dihya ; dessus elle en devient une reine.

Dès qu'elle entre dans cet endroit, Made remonte ses cheveux ou sa nuque serait glissante de sueur, elle a l'impression de se donner un peu d'air où il n'y en a pas un brin. Une chaleur se répand dans les moindres recoins, pas de la pièce mais d'elle, ce n'est pas agréable.

Grand Ma dit que ça lui rappelle le Sahara, la zériba sous laquelle elle a grandi. Elle dit aussi à

Dihya comment s'habiller, se coiffer, se parer pour les photos.

— Dihya, tu savais qu'on parle de Nour sur le domaine ?

— Elle a fait quoi ma fille ?

— Rien justement. Et je ne veux pas qu'elle ait d'embêtement, ou toi. Tu as prévu quoi pour elle ?

— Prévu ?

— Tu devines bien, non ?

— C'est son père qui prévoit ces choses, pas moi.

— Je ne vais quand même pas aller lui demander.

Grand Ma repose le Leica, Dihya ôte la djellaba rouge brodée de fils argentés, très ample, très somptueuse, que la photographe lui prête. Elle enlève tout aussi précautionneusement les bijoux à ses oreilles, des boucles si pesantes, on se demande comment elles ne vous arrachent pas le lobe qui se déforme sous leur poids. Et souvent cela arrive, l'oreille se déchire, le pendentif criblé d'un corail, son émail multicolore n'a plus où s'accrocher. Léa a les mêmes, jamais elle ne les porterait. Le bijou que Made voudrait est un bracelet de cheville plus gros que ses cuisses. Dans les mariages entre indigènes qu'elle a pu observer dans le village de son père, les femmes rivalisent sous leur parure, plus le bijou est encombrant, et voyant, plus on les remarque. On s'attache à un bijou, on le porte pour être plus belle, on en devient prisonnière ; le bracelet de cheville si elle le portait ce serait seulement pour la fête, elle déciderait quand l'enlever, réalise que Nour n'aura pas ce droit à en croire Dihya.

— Il y en a un… un qui l'a demandé.

Grand Ma veut des précisions.

— Et il est bien cet homme ?

— …

— Dihya, c'est qui ce fiancé ?

— Il a besoin d'une troisième épouse, les autres n'ont donné que des filles.

— Il a quel âge ?

— Pas jeune, pas vieux.

— Nour le sait ?

— Non.

— Et ça te plaît à toi ?

— Non.

— Je vais la racheter. La racheter à ton mari, c'est ça ?

— Il ne voudrait pas.

— Combien ? À combien vous l'estimez votre fille ? Pardon Dihya mais ce… ce ne serait pas bien.

— Qu'est-ce qui est… bien pour nous ?

— Elle a ses règles ?

— Oui.

— Ce sang vous en faites un massacre, tu le sais, toi.

— Oui.

— Tu comprends que je ne vais pas le laisser faire, je…

Grand Ma s'arrête net. D'entendre ce qui attend son amie, Made a senti que sa respiration ne passait plus, elle a bougé trop brusquement, doit sortir de cette maison, s'en échapper, comme si c'était elle que l'on mariait de force. Jamais son père n'aurait pris une autre femme, jamais. Même si son frère n'avait pas fini par naître. Pour la première fois, elle déteste des coutumes qui permettent de... on marchande des fillettes et on vend un ventre, on vend Nour, bonne à essayer de fabriquer un garçon, faire le mâle. Pour la première fois elle comprend sa mère, déterminée à voir ses filles étudier, mesure tout ce que Léa obtient pour le bien de ses sœurs et le sien.

Comment agir, éloigner la menace, c'est quoi ce sang qui a des règles qu'on ne lui a pas apprises ? S'il le faut, elle volera tout l'argent des bocaux de Léa pour trouver une solution, acheter qui les aidera, et s'enfuira avec Nour.

En la voyant détaler au fond du couloir Grand Ma a compris qu'elle devait intervenir immédiatement. Sans consulter son beau-fils, sans demander l'avis ni l'accord de personne, elle a attendu le père de Nour à la fin de son travail, y est allée avec son Leica comme si elle souhaitait le photographier. Dihya est son modèle préféré, tous en les voyant pourraient croire qu'elle souhaitait une image du couple, la demandait au mari. Sans lui faire affront elle a obligé le père de Nour à annuler le mariage, a ordonné. Ou il quitterait le domaine. Seul.

Et elle a pu assurer à Made que tout était réglé.

— Alors à présent ma petite fille je ne veux plus en entendre parler. J'ai fait ce qu'il fallait, ton amie ne risque rien, tu ne risques rien, c'est compris ? Ce mariage n'aura pas lieu.

Au père de Nour elle a martelé,

— Si une idée pareille devait se reproduire, tu ne sauverais pas la face.

Le tout avec un sourire, comme si elle lui proposait de poser devant son Leica.

Elle trompe son monde en artiste.

Difficile à croire que Léa est la fille de Grand Ma tellement les deux pensent différemment. Elles ne s'entendent pas forcément si bien mais une même franchise les caractérise, les soude. Autre point commun, priorité absolue est donnée à ceux nés de leur ventre.

Léa et son mari ont beau être cousins germains, la mère de Made se fiche de ses belles-sœurs et beaux-frères ou de ses neveux et nièces, seuls comptent sa mère, ses quatre filles, leur père quand même, et celui qui les dépasse tous, son nouveau-né, *le petit père*. Un fils, il leur fallait un fils et il est là, sa bouche goulue piquée comme une fleur à son sein.

— Toute la sainte journée.

Grand Ma désapprouve mais Léa est résolue à l'allaiter le plus longtemps, qui l'en empêcherait ? Elle est chez elle, même si elle doit partager une maison divisée en sous-maisons, *Comme il y a des ensembles et des sous-ensembles,* se formule Made qui n'aime pas le calcul.

Tous qui habitent sous ce toit sont apparentés. Deux fratries issues chacune de villages dans la montagne, en petite et grande Kabylie, seul un col les sépare. Cousins cousines et parfois ils s'épousent, deux des frères se sont unis à deux sœurs.

Ils logent côte à côte, chacun ses pièces, distribuées par une coursive extérieure donnant sur une cour pavée.

Plus loin l'huilerie. Les beaux-parents de Léa en sont les propriétaires et de dizaines et dizaines d'hectares d'oliviers. La famille entière vit de l'exploitation de La Ferme. Priorité à l'oliveraie, ils en font trois extractions, la dernière est pour leur usage, ne rien perdre. Les frères, les cousins, chacun a un œil sur la main-d'œuvre, se partageant un labeur. Qui les oliviers, qui le moulin à huile, qui les chevaux, ou la comptabilité, la mécanique, il y a même une pompe à essence ; et pour les femmes, tout le reste. Une tribu. Léa détesterait l'entendre, ils ne sont pas des indigènes.

À treize ans on ne peut tout saisir mais on perçoit beaucoup qui creuse en nous. Et quand on est Made, on entretient ce qui confusément nous aura fait mal, pour reprendre la main. Ce qu'une gamine ne devrait pas savoir Made le dépiaute, y trouve un soulagement. Elle anticipe à l'excès, les gestes, une attitude de sa mère, sans doute pour s'en protéger. Il y a une chose qu'elle fait très bien ; une seconde avant que Léa ne lui fasse ses remontrances, elle se les formule, et alors c'est moins grave, moins douloureux. Sa mère exprime à l'envi sa lassitude, elle en est violentée de cette gosse. De l'aimer moins et ne pas le supporter ? Elle l'invective sans arrêt, n'arrive pas à lui parler autrement. Made s'en défend comme elle peut, comme d'un soleil trop haut. Cette brutalité de l'amour quand un enfant est obligé de le réclamer, et plus on le lui refuse, plus il en devient dur au manque. Ou l'inverse.

Pour Made, une possibilité est de décamper, respirer hors de portée de sa mère, s'écarter d'un cœur dégoulinant pour *le petit père* ; sec pour elle.

Les trois sœurs aînées en ont moins souffert, Made a été la fille de trop.

Pour se persuader de son ventre lourd d'un garçon, espoir entêté encore invisible, Léa a été jusqu'à suggérer aux fatmas qui s'épuisent à travailler pour eux de prier leur Dieu. Toutes ont ce même vœu : accoucher d'un mâle, et elles n'auront pas failli. Léa a suivi leur conseil : déposer un bout de galette, une mesure de semoule là où leurs morts reposent et ils l'aideraient. Il lui fallait un fils. Elles ont été longues les douze années sans vermisseau qui montre le bout de son nez entre les jambes de sa mère et elle vieillissait, l'irréparable en marche. Elle se signait, son mari contribuait, ils y arriveraient. Est-ce d'avoir tant prié ?

Qui le croirait ?

Il est né le divin enfant.

« Sait-on, après tout, avec clarté ce qui en l'autre
est notre image, quel écho frappé, puis revenu,
a créé entre nous le désert ? »

Assia Djebar, *Les Enfants du nouveau monde*

Laure suit l'homme, ils quittent la vallée, montent vers le causse, un soleil d'août, il éblouit comme si on roulait au-devant de pleins phares. Une beauté la foudroie et elle serait pour elle ? Aucune trace de civilisation, on peut presque croire en être épargné. La petite route du sud-ouest de la France devient chemin puis une allée bordée de murets de pierres sèches éventrés par les sangliers échappant aux chasseurs, et c'est la vie qui est passée par là.

Elle gare sa voiture à côté de celle de l'agent immobilier.

— C'est sauvage, il faut aimer. Je n'emmène pas tout le monde ici. Ma femme me le dit chaque fois, ce coin ressemble à la Kabylie.

Immédiatement Laure fait une offre, sans même visiter la maison.

Trouver qui ira avec tel ou tel bien est ce que l'agent immobilier préfère dans son métier mais là… ça n'a jamais été aussi vite ! Décontenancé, il la met en garde, les deux étages ne sont pas pratiques, les escaliers étroits, le salon aussi, et pas de cuisine, une souillarde. Une maison alambiquée.

Elle sourit.

— On ira bien ensemble.

Il détaille tout ce qui ne va pas, qu'il vend pourtant.

Laure ne l'écoute plus, elle aime que ce soit incontrôlable, domine la raison, ne plus partir de cet endroit. Et convoite déjà le figuier, pourtant dans un triste état, l'agent immobilier le diagnostique perdu. Certaines feuilles à terre ont encore une couleur beurre frais mais les plus anciennes sont recroquevillées comme touchées par une arthrite aigüe, l'homme est catégorique,

— N'en attendez rien, on ne le sauvera pas.

Il s'éloigne, privé de visite. Laure aimerait qu'il parte, qu'ici soit déjà chez elle. *La maison dans la nature*, elle a trouvé son nom. Propice à une solitude choisie et ce luxe, un silence.

L'homme revient dans sa direction.

— C'est bon.

— Bon ?

— La maison. Elle est à vous, je viens d'appeler le propriétaire, il accepte l'offre.

Une enfant devant un cadeau trop beau, elle saute au cou du quasi-inconnu bras ballants. Il lui repropose de visiter, elle décline une nouvelle fois, pressée d'être seule, le raccompagne à sa voiture comme on raccompagne un visiteur, elle reste encore un peu, le rejoindra dans trente minutes et ils signeront la promesse de vente.

*

Elle danse pieds nus sur des étoiles, le plaisir sens dessus dessous, à en avoir le tournis, aimer tomber. Trois ans que Laure n'a plus quitté ce lieu.

Elle vit dans la nature, une nature encore sauvage, pas à la main de l'homme. Comme beaucoup qui observent les nuages, Laure y devine des formes et accorde au ciel de lui raconter des histoires, mais c'est à une écorce et aux rides du bois qu'elle prête des traits. L'écorce de ses oliviers. Laure a besoin de leur présence comme le ciel d'un infini, ses oliviers sont une Voie lactée sur la terre. Ils sont six, tous transplantés. Le premier ramené d'Espagne, les deux suivants du Portugal, les autres viennent de Corse, ils se sont adaptés, leurs branches sont des bras, leur feuillage une coiffure, le tronc… un tronc. Celui-ci a une entaille en haut à gauche qui pourrait être le cœur, ils ont un prénom, à chacun elle a donné l'identité de celui qu'il incarne, ils sont sa famille. Il en manque un, le plus important de tous. Dans le prolongement des six, elle a creusé un trou, il attend son arbre ou rien ne sera comblé. Un olivier qui ne peut venir que de la terre où vivaient les siens, elle ne sait même pas si c'est en grande ou petite Kabylie, trouvera. Mais avant elle voulait s'assurer de pouvoir prendre soin des six, et ils ont de nouvelles racines. On heurte vite la pierre sur le causse, une terre calcaire où pas grand-chose ne pousse, deux des oliviers ont eu des débuts chaotiques, elle a craint de les perdre, guettant la moindre pousse ; finalement ils ont fait de jeunes feuilles.

Elle ne les taille pas, certaines branches filent droit, dépassent de l'ensemble, donnent le cap : grandir. Quand on les regarde de loin, les oliviers se confondent, pas exactement rangés mais côte à côte, feuillages mêlés. Ils ont l'air de s'entendre. Trop proches ? Elle n'y a pas pensé en les plantant, novice avec les arbres comme avec la nature, n'a pas pensé qu'ils prendraient autant de place.

Parfois elle s'allonge à côté d'eux, bras sous la tête tant la terre est dure, elle offre son visage au ciel, à un soleil troué par les feuilles, au moindre souffle il bouge sur tout qui reste nu. À moins que ce ne soit l'ombre trouée de lumière qui ne la peigne de signes obscurs et beaux.

S'il neige, Laure passe le balai sur les branches, ne laisse pas leurs feuilles brûler sous une froidure, ni un givre les recouvrir ; à peine le soleil se montre, elle est devant la plus grande joaillerie du monde, et tout brille qui fond.

Dans la famille maternelle de Laure on ne parle jamais de l'Algérie. Enfant, elle a vite remarqué ce qu'avait d'incommode ce pays quand il apparaissait au journal télévisé et que les adultes se figeaient. Elle notait un changement d'inflexion dans les voix prononçant le mot pied-noir et on en est défini. La petite Laure avait regardé sous ses pieds, cherchant une trace de l'obscurité qu'on leur prêtait, n'y trouvant rien de sombre, pressentant un mystère qui serait ailleurs et elle s'est tue. Un enfant n'intervient pas dans les conversations des grands, est bon à ouvrir uniquement la bouche pour y enfourner la nourriture, s'accommodant de ce qu'il dérobera aux conversations des adultes, l'imagination fait le reste. L'enfant devient l'histoire qu'il se raconte, il y entre, en sort quand il veut. Il grandit, est prié de continuer à la boucler, de ne pas se laisser déborder par ses émotions, il s'aligne sur la ligne du parti, la famille, ne veut pas en être exclu.

Tout Laure, son corps de petite fille, ses rêves d'enfant, a dû grandir avec une absence… un père ou une mère disparaissent, et on est seul soudain.

À huit ans elle cherchait sa mère partout, derrière le soleil et dans le vent, la forme des vagues, un ressac, dans l'attention des autres, leurs regards sur elle, est-ce que cela a changé ? Il y a ce qu'elle est en mode majeur : la volonté de retrouver qui elles ont été mère et fille huit courtes années ensemble et elles durent ; dures à l'oubli. Qui pour se rappeler ses premiers mots, premiers refus, premiers mensonges, premiers rires ? Mémoire d'enfant inaccessible quand celle qui vous a donné la vie est hors de portée, perdue en vous, et l'on est étranger à soi-même.

Si Laure l'avait trouvée dans le creux d'autres mémoires, peut-être aurait-elle pu un tout petit peu s'en détacher. À avancer de front avec sa mère, éprouver sa présence encore chaude, une fille va de l'avant et les fragments d'un passé sont une pulsion de souvenirs, quitte à les inventer. Laure ne fera pas revivre ce qui a cessé d'être mais elle peut le faire vivre et ne sera pas un creuset où fermentent des secrets enchâssés. On ne présente pas une tarte entamée et pourtant découper un morceau de l'histoire familiale avant de la servir est un classique. La part manquante, voilà pourquoi ils comptent tant les six replantés devant sa maison, ils sont les collines d'oliviers en Kabylie, elle guette à la base des troncs de nouveaux surgeons, appelés aussi rejets ou gourmands.

Ses arbres font des petits.

*

Pourquoi la terre sent-elle si fort après la nuit comme s'il fallait des ténèbres pour renaître ? Chaque matin dans la maison de la nature est un cérémonial de beauté. Un trait d'or étire le ciel derrière la baie vitrée, Laure attend. Un chevreuil, il viendra, ne viendra pas, c'est un rendez-vous. Toutes les aubes jusqu'à ce jour, le chevreuil est une apparition. Friand de la première repousse, d'une jeune pousse, il a faim, fouille la terre, grignote un arbuste, trouve à reprendre des forces, échapper aux chiens, la chasse. Que sait-il des hommes ? Qu'il est leur proie ? Et l'ami de Laure. À un moment leurs regards se croiseront, et parfois avant même qu'elle ne l'ait vu il la fixe puis bondit hors de portée, il est un enchantement.

Se rapprocher du ciel, ce qu'elle cherchait en décidant de vivre loin du bruit du monde. Elle ne pensait pas au chevreuil, sa présence quand il apparaît, disparaît, se déplace, le son d'une masse qui l'effleure même si l'animal s'éloigne à l'opposé. Le son, la masse, sont tous les arbres que le chevreuil a frôlés, toutes les feuilles, les saisons d'un monde, et pendant une seconde elles sont Laure. Elle a aimé croire qu'elle avait apprivoisé un chevreuil, voyant bien qu'il n'était jamais le même, plus gros, plus petit, les cornes courtes, hautes, pourtant unique et dans une minute il lui montrera ses fesses, une tache blanche bondissante qui s'arrête, repart, Laure la suit du regard, elle contient la bête, la course, la peur et la vitesse, sa présence dans l'air. Certains matins, l'animal ne bouge pas d'un pouce et se goinfre, il fait comme si elle n'était pas là, le sait qu'elle ne lui fera pas de mal ? Il est l'instant qui dure, le temps du chevreuil. Libre de partir et ne pas revenir, libre de leurs retrouvailles, elle ébauche un geste comme on se libère d'un sortilège, l'animal se fige, pattes tendues, buste tourné vers elle et il détale, disparaît. Laure, avant, lui aura parlé tout bas, *Et alors ? Tu restes ? Tu ne t'en vas pas ? C'est toi ? Toujours toi ?*

Été 1954

C'est l'heure de la sieste pour les hommes, d'une heure au ralenti pour les femmes. Une flemme que l'on s'accorde après tout pour faire face aux heures chaudes.

— Pas les moricauds, ils se reposeraient sans arrêt si on les laissait faire.

Les femmes sont les plus âpres, les plus tranchantes.

— Ils sont juste bons à obéir.

Made fulmine. Atavisme, un mot comme une insulte, elle en est sûre. Ça la ronge d'être l'enfant de cette bêtise, pourvu qu'elle ne circule pas dans sa cervelle, sa mère lui répète qu'elle n'en a pas, au moins Made n'aura pas hérité de la sienne. Léa à sa tâche bien avant l'aube, s'autorisant à donner généreusement des ordres, à Fatima, Yasmine, Dihya, et il y a une seule Nour ; Made y veillera, *Il n'y a que Dieu pour ne pas croire que je suis sa semblable,* elle n'hésite pas à tancer le ciel. Ses sœurs, *les pénibles,* ont déjà commencé l'air de rien, l'air de tout, à marquer une différence avec les musulmans œuvrant sur le domaine, et les oliviers seront bien gardés. Quand leur père, lui, travaille main dans la main avec les ouvriers de la coopérative, l'huile n'en sera que mieux pressée, il y a le boulot à abattre et pas le temps pour le racisme ordinaire.

Le code indigène, son joug jusqu'à il y a peu, a privé Nour et les siens de tant de droits, Made en a fait le serment, l'a même écrit, « *Il se fracassera à notre sourire. Comme la petite Made voudrait qu'elle et Nour soient en tous points pareille pour toute la vie qui leur sourirait. L'existence quand elle commence a de bonnes dents. Tellement blanches, elles font des étincelles au soleil. On cligne des yeux pour regarder tout qui arrive et on ne voit rien.* »

Une gamine se déplace comme une ombre claire. On ne la fera pas tournicoter dans une chambre, elle a besoin d'espace pour sa tête intranquille, sa tête qui est une bavarde, elle ne craint pas le cagnard, ne l'oblige même pas à plisser les yeux devant un brasier des jours d'été, il n'y a que Nour pour l'éblouir. Made passe devant des silhouettes affaissées, n'importe quelle chaise fait l'affaire pour se reposer un peu, une brochette de tatas déchaussées, les pieds soulevés les chevilles dégonflent. Pendant ce temps les fatmas nettoient, rangent, épluchent et sont priées de ne pas faire de bruit. Made les ignore, ou comment ne pas leur proposer d'aider ? Elle ne vaut pas mieux que *les pénibles* qui roupillent quand elle, veut franchir cette porte, dehors il y a Nour.

Léa fait comme si elle n'entendait pas les gonds grincer, ce n'est pas l'heure de râler, le père de ses enfants se repose, sa femme ne lui gâchera pas son moment en invectivant encore une fois la petite.

Pour faire moins de bruit, Made ne s'est pas chaussée, les pavés dans la cour sont brûlants, ses talons s'y endurcissent, ça lui a valu un énième commentaire de sa mère.

— Cette gamine a déjà de la corne. On se demande d'où elle sort.

Mais de toi, maman ! Elle voudrait rejeter – n'y arrive pas – cette femme qui lui refuse sa tendresse. Et le soir dans son lit elle empoigne ses talons, y enfonce la pointe d'une aiguille, stupéfaite de la zone indolore. S'il n'y avait Nour à aimer elle réclamerait à son cœur d'être de la corne, en serait plus forte. Elle pourrait ne jamais revenir dans cette maison si Nour était prête à fuir avec elle, mais il n'y a que sa tête pour y penser, le proposer. Elle s'élance vers le premier bout d'ombre, rejoindre son amie, se prendre les mains, sentir dans leurs nerfs, dans chaque parcelle de leur chair, une adoration qui se promène, l'inlassable surprise de s'être trouvées.

Nour et elle à bas bruit, accroupies sur les racines d'un olivier presque centenaire et parfois la pointe des fesses s'y pose. Elles ont au-dessus de la bouche une buée de sueur, vapeur de leur bouillonnement intérieur qui s'attrape au bord des lèvres, elles ne font rien de mal, elles sont des amies, se tiennent en équilibre par le bout des doigts, accrochées l'une à l'autre qui serait la terre ferme.

La maison dans leur dos retrouvera bientôt son activité de tout à faire, défaire, refaire, une fournaise suspendue aux moindres gestes, on ne s'y habitue pas, on l'incorpore ; température constante, elle harasse, vous écrase même la nuit, souffle son haleine chaude, rappelle aux deux fillettes qu'elles n'iraient pas bien loin. Une poignée de kilomètres, elles tireraient la langue et ça n'aurait rien de drôle.

— Un temps de Sahara, le pays de la soif.

Grand Ma sait de quoi elle parle, elle y est née, et retourne volontiers en pensée dans son enfance sous une zériba, sa charpente de branches posées sur des piquets de bois plantés loin dans le sol, soutenir des dizaines de peaux de chèvre, de mouton et de mouflon teintées de rouge.

— Je n'ai jamais été aussi bien que sous ce toit de peaux tannées enduites de beurre, assouplies pour être étendues au-dessus de nos têtes. Cousues ensemble elles résistent aux tempêtes de sable, arrêtent la nuit.

D'écouter Grand Ma, sa petite-fille a l'impression d'être allongée sous les peaux rouges, leur couleur changeante sous un soleil qui décide tout.

— Le ciel étoilé dans le désert, je crois bien n'avoir rien vu de plus beau. Si, toi mon enfant, tu es partie pour ; j'attends le coquin qui saura te le dire.

Made regarde avec les yeux de sa grand-mère à son âge, elle essaye de trouver une trace des souvenirs, même s'ils appartiennent à une autre, les posséder. Le comprendra plus tard, ce sont eux qui nous possèdent.

— Le bénitier à l'entrée de la chapelle de Tazmalt, tu sais le grand coquillage, il me fait penser à l'empreinte des chameaux. Quel spectacle, les méharées, le désert paraît uniquement vide à ceux qui ne savent pas le regarder, il est plein de patiences à l'œuvre.

Grand Ma, née en 1900. Venue d'un monde ancien vivant au gré d'un balancement des dromadaires que l'on n'appelait pas alors des chameaux – question de bosses –, acheminant vers l'Europe des plumes d'autruche, l'ivoire, l'ébène, des fauves, et les émeraudes des Garamantes, un ancien peuple berbère. Elle partage avec sa petite-fille ce que Léa dédaigne, tant elle est persuadée d'être du bon côté, celui des Français. Et il n'y aura pas de dénuement pour les siens. À d'autres, les masures aux murs en torchis sans fenêtres avec une tôle au-dessus de la tête, la porte close, garder une fraîcheur l'été, se garder du froid l'hiver, et on vit entassés dans le noir dans des odeurs de bêtes.

Grand Ma pour une fois va dans le sens de sa fille.

— Dans les villages d'où viennent tes ancêtres, Made, ce ne sont que ravines, tous ces poivrons que nous avons, les tomates, il faut la vallée, le fleuve pour que ça pousse, je ne suis pas la dernière à en profiter, remarque, bien contente d'y vivre dans notre grande maison. Avant ta naissance il y avait dans la vallée un médecin pour… des dizaines de milliers d'habitants, tu te rends compte ? Un médecin pour soixante mille, je l'ai lu dans un journal. L'entérite tuait neuf enfants sur dix. Les soins, crois-moi, valent dix marabouts. L'infirmière visiteuse qui a accouché ta mère n'a plus d'âge mais dans ses jeunes années il lui arrivait de faire des quarante kilomètres à dos de mulet pour un gosse qui venait bien souvent tout seul, elle n'arrivait pas à temps.

Il y en a un que Grand Ma évoque uniquement du bout des lèvres, il a été le père de ses enfants, a disparu avant que Made naisse.

Elle vante son instituteur de mari comme s'il n'y avait rien d'autre à en dire, qu'il fallait l'user jusqu'à la corde ce compliment du mérite, la bourse obtenue pour étudier.

— Ton grand-père aimait enseigner, il voulait transmettre à des gamins musulmans un savoir, pas pour le substituer à leur culture d'origine mais pour l'additionner, je lui reconnais ça. Il espérait donner plus de chances à ces petits, *Qu'ils parlent les deux langues, ils se défendront mieux en français*, voilà ce qu'il disait, il croyait au rapprochement des deux…

Deux quoi ? sa grand-mère n'a pas terminé sa phrase, deux peuples ? deux races ? Pourquoi ça a l'air d'être des gros mots tellement on les évite ? Mais tous y pensent, les adultes, les enfants, les Français et les autres, sa famille, celle de Nour, pourquoi ce serait un abîme entre eux ? Les bras de Made et ses jambes vont continuer à grandir, assez pour être un pont, elle sera une solution, voilà à quoi elle songe, c'est important pour elle, tout nommer, renommer. Sahara aurait fait un beau prénom aussi. L'appel du désert court dans ses veines. Transmis. Par Grand Ma, son émotion qu'elle a partout sur le visage d'en parler, et une grand-mère retourne dans son enfance.

— Mes cuisses s'enfonçaient dans le ventre de la dune, on n'en voyait pas le sommet. Elle était… comme étalée sous un ciel, prête à bousculer le soleil. Je la montais à petits pas, cherchais un endroit dur où marcher, sinon tu t'épuises, tu n'arrives pas en haut. Le meilleur c'est quand on redescend, comme si la dune te poussait mais tu ne peux pas te faire mal. Je savourais la surface intacte, les milliards de grains de sable, seul le vent les avait touchés avant moi. Ou les scarabées, avec leurs roulades ils te gratouillent le creux de la main si tu les remets d'aplomb. L'ascension, c'était pour être les jambes du vent, courir à pic, ça ne durait pas mais aurait existé. Chaque enjambée provoque une telle secousse, des blocs entiers se détachent loin dans la dune et on entend le tambour des sables, je l'écoutais jouer sa musique.

Il y en a un autre qui a joué sa musique, Oskar, et il a bougé la vie de Grand Ma.

— Il était allemand et photographe. Un grand asthmatique, ça l'a sauvé des tranchées, pas de moi !

Grand Ma a quinze ans, cet homme comme aucun autre l'attend devant la zériba. Il lui apprendra ce qu'il a le plus aimé avant elle, qu'elle aimera le plus après lui, regarder la vie derrière un Leica.

— Il a tout attrapé du vent et du sable, d'un silence de la jeune fille que je découvrais moi aussi à travers son objectif.

Grand Ma raconte souvent l'histoire de son grand homme dans le tassili.

— On l'aurait dit tombé des Pléiades, tu sais ces étoiles un peu brumeuses, on n'est jamais sûr de bien les voir, il faut s'en détourner, y revenir pour croire à leur présence. Oskar a conçu le prototype du Leica. À cause de son insuffisance respiratoire, de fréquentes crises qui l'affaiblissaient, il n'aurait pu porter un appareil plus lourd ni un matériel encombrant à trimballer, son souffle ne l'aurait pas permis.

Grâce au Leica des images s'offrent, et une jeune fille en contre-plongée. Oskar la capture, de loin d'abord, puis de plus près, encore plus près, presque proche.

— Pour m'amadouer ou me séduire, va savoir, il me répétait, *Ceux que je photographie sont une énigme. Je ne cherche pas à la résoudre bien au contraire, c'est beau de regarder un mystère.* J'ai retenu d'Oskar que l'on ne *prend* pas quelqu'un en photo, on le *découvre*. Au début ce qui m'intriguait le plus ce n'était pas son Leica, mais sa moustache. Ça c'était l'inconnu ! Je la trouvais laide mais rare, donc attirante. Il la taillait aux ciseaux, un miroir de poche dans l'autre main, j'ai proposé de tenir le miroir et Oskar n'était plus à quelques mètres mais à la longueur de mon bras, je crois bien que l'on n'a jamais autant pris soin d'une moustache ! Les tempêtes de sable je savais m'en protéger, pas d'Oskar. Il me semble, ma petite Made, qu'il a manqué tous les jours à ma vie.

Sa petite-fille pense à Nour, au malheur que ce serait de la perdre, et pour se délester de cette menace, Made l'a écrit dans son *cahierlivre* où une enfant note tout qui ferait une histoire et elle existe. Même quand tout est fini, quand on est fini nous, on n'ira pas tout à fait dans l'oubli si quelqu'un la lit. Même après des années, après plusieurs vies.

Hier elle a copié une phrase entière en lettres capitales, on aurait dit qu'elle prenait toute la place. Une phrase de Grand Ma, en la prononçant elle n'avait plus son visage de maintenant ni son visage de jeune fille, elle avait le visage des mots.

Lorsqu'un autre devient pour nous unique et qu'on veut le garder, on se garde soi. Mais peut-être le sais-tu déjà, petite fille.

Made a fait semblant de ne pas comprendre, Nour en est encore plus tout pour elle. Comme Oskar pour Grand Ma, pourtant déjà promise par son père, et il ne reprendrait pas sa parole.

— Je découvrais ce mariage arrangé. Il permettait à mon père de quitter le désert pour la Kabylie. En donnant sa fille, il atteignait des montagnes où ta mère est née. On me mariait sous le nez et à la moustache d'Oskar, je partais, il n'allait pas rester. Ne pouvant me suivre, il m'a laissé ses photos, je ne les regarde pas si souvent ou elles blessent, mais elles sont là.

Et le regard de Grand Ma s'arrête sur un panier en alfa, suffisamment profond pour s'y tenir accroupi s'il n'était déjà plein d'images. À l'intérieur une amoureuse a gardé les tirages d'Oskar et le Leica offert pour qu'elle ait une autre vie encore plus unique. De pouvoir appuyer sur le déclencheur, sa grand-mère en est différente et d'abord aux yeux de la famille, ils s'en sont méfiés de son appareil puis l'ont accepté, se sont habitués à la voir avec. Aucun ne penserait à l'utiliser, qu'est-ce qu'il rapporte ? Quand elle fait une photo, Grand Ma tient si fort le boîtier elle en a les jointures blanches, Made a remarqué comment sa grand-mère en est toute changée de la faire poser ; même si la mère de Nour reste son modèle préféré. Parce que c'est elle qui ressemble le plus au Sahara ? À un désert avec Oskar ? Comme si tenir Dihya devant son objectif était le reflet d'un autre qu'elle tenait, et deux êtres en sont moins séparés.

Tant qu'elle y croira, l'onde de joie ne la quittera pas. Quatrième matin de suite que Made revient déposer son offrande – de la galette, un demi-beignet, une poignée de semoule –, elle espère attirer deux longues oreilles entraperçues, un fennec, s'en est convaincue. S'il réapparaît, elle l'adopte, le gardera, prête à l'échanger contre les animaux qui vont avec La Ferme, Fennec les supplantera tous, il porte le monde, son monde d'enfant exagérément romanesque, sa mère le lui reproche assez.

— On n'est pas intelligent à rêver debout, et après tu confonds tout. Ça n'aide pas à être heureux, crois-moi ma fille, tu n'en seras pas plus satisfaite.

Égaré, Fennec ? Retourné dans le désert ? Une nuit qui pâlit ne fait pas le jour, comment savoir si elle a bien vu ? Elle pourrait dessiner les yeux fermés son renard des sables, n'hésite pas à casser une brindille d'olivier pour en tracer les flancs maigres sur le sol, un pelage, une queue fournie, avec deux yeux tout bruns tout sages. La prunelle ? Elle a opté pour un embryon de figue. Son fennec est la copie d'un autre sur les photos de Grand Ma et il n'avait pas le droit d'entrer sous la zériba. Sa grand-mère l'attirait avec de la taguella, une galette comme la leur, cuite sous le sable sur une braise et on la bat avec la lame d'un poignard pour en ôter les grains avant de la racler. Made a raté les oreilles, ce serait plus facile avec un couteau, elle en prendra un dans la cuisine, le cachera sous son matelas avec le *cahierlivre*, et si Fennec ne devait pas revenir, elle l'écrira quand même, en retenir le souvenir.

Grand Ma lui a parlé des peintures du désert sur la pierre.

— J'ai vu des dessins qui avaient dix mille ans. Grâce à eux, on a su que le Sahara n'existait pas il y a quatre mille ans. Quand on est un enfant, mille ans ça vous paraît hier ou si lointain, on l'apprend tard la mesure du temps. Mais à ton âge je me disais, *Là où je grandis a déjà disparu une fois. Et si ça recommençait ?* Je suis bien certaine, Made, que dans ta tête tu as de ces fulgurances toi aussi. Ces dessins venus de si loin, Oskar les a énormément photographiés, la mémoire a de bons yeux. Ses tirages je les garde à l'abri sous ce couvercle tressé ne faisant qu'un avec le panier, les protégeant d'une lumière, de la poussière, d'une autre destruction, l'oubli. Je te montrerai des lions gravés sur la roche, des girafes, un hippopotame et même une vache qui pleure, on suit du doigt la larme sur le granit, un cœur de pierre bat là-dessous. Tous ces animaux disparus depuis le fond des âges nous regardent parce que quelqu'un a voulu en laisser une trace. Je ne fais rien d'autre quand j'appuie sur le déclencheur de mon Leica.

L'écoutant, Made avait une nouvelle fois pensé au *cahierlivre*, elle doit d'abord le remplir avant d'en parler, être sûre d'y arriver. Elle confond un peu tout, gravera une larme dans l'écorce d'un olivier avec son couteau et bricolera du rupestre. Le bois pétrifié est dur comme la pierre, non ? Elle n'a pas encore choisi à quel arbre appartiendra la larme. Made voit des signes dans à peu près tout. Un nuage s'il se détache dans le ciel, que cherche-t-il à nous dire ? Elle tend les yeux comme on tendrait l'oreille, vient de ramasser ces petits cailloux qui n'étaient pas là hier, arrivés elle ne sait trop comment, les éparpille, un dé gagnant que l'on jette.

— Ce serait magique de te revoir, Fennec, alors viens. C'est toi ou moi qui approche ? Tu es grand et petit, si je n'ai pas peur, n'aie pas peur.

Où tu es ?

Elle accepte sa part sauvage et une gamine sait d'où elle vient. D'un désert que recouvrait la mer, elle y marchera, retrouvera la zériba, y emmènera l'enfant qu'elle aura un jour parce que Made le sait déjà, elle sera une maman.

« L'art du roman est de savoir mentir (…)
Le roman, c'est la clé des chambres interdites
de notre maison. »

Louis Aragon

Pour Laure, la Kabylie est la chambre interdite. On naît aussi d'un lieu. Et le tout premier pour sa mère, elle doit le trouver. Que sait-elle si ce n'est que sa famille est arrivée en France avec d'autres pieds-noirs. L'Algérie leur fait mal. Quelque chose lui échappe qui ne va pas avec l'histoire qu'on lui sert. Elle a toujours connu ses grands-parents en France installés au bord d'une nationale. À chaque passage des semi-remorques les fenêtres en tremblent. Une maison coupée en deux avec des pièces pour manger et dormir, des pièces pour travailler, deux modestes magasins. Dans l'un on propose des gaines, de quoi faire des reprises aux accrocs, dans l'autre on vend des clous. Les deux commerces communiquent par une porte, donnent sur un hall où chacun trouve ses chaussons en arrivant. Laure a vécu auprès de ses grands-parents certaines des heures les plus paisibles de son existence, dans un décor de plateaux en cuivre qui ont traversé la mer, la pièce maîtresse, elle, est taillée dans le tronc d'un olivier, un plat pour rouler le couscous – plat si lourd, on doit le poser sur les avant-bras pour le porter. Ici, elle fait le plein de thé à la menthe, de Tchou-Tchou, de beignets, se le formule la bouche pleine, *Je mange ma mère.*

D'avoir si peu partagé ces saveurs avec la sienne, elle en est d'autant gourmande. La cuisine de sa grand-mère a un goût du passé, ils le digèrent, n'en font pas un plat mais dix, assaisonnés avec des recettes anciennes et muettes, délicieuses particulièrement à Noël. Dans quelques jours ils changeront de siècle, certains le redoutent, pas ses grands-parents, ils ont assez à faire avec le présent.

Baptisée, communiée, confirmée, athée, Laure se rend volontiers à la messe de minuit avec le reste de la famille. Le soir du réveillon est beau de leur marche dans la nuit au milieu des vignes, elle avance vers l'église un bras sous celui de son grand-père, l'autre sous celui de sa grand-mère, et pour une heure leurs prières seront les siennes, elle croit tellement en eux. Une buée sort de leur bouche, le froid a un refrain, et une petite-fille isole la voix d'un vieil homme, l'entendre chanter, ce n'est pas le voir nu mais presque, il se livre, tout à sa relation avec Dieu qui ne s'est jamais démentie et vibre dans sa voix qui domine parce qu'elle ose être belle. Ses grands-parents sont si pieux, Laure est imperméable à leur foi sauf à écouter la voix de son grand-père et elle n'a plus froid. Une petite-fille bouleversée par un vibrato fort de tout ce qu'il a retenu d'une enfance algérienne dans la montagne à côtoyer d'autres traditions dont elle ne sait rien.

Au retour de l'église, des coupes d'un cristal tintinnabulant pétillent à ras bord, elles attrapent les lumières de la crèche, sa grand-mère y porte tant de soin, aucune ne comptera davantage pour ses enfants et petits-enfants. Ce ne sont ni Jésus, Marie, encore moins Joseph qui attirent Laure, mais les rois mages pour une étoile que l'on suit. Les trois de plusieurs couleurs, plusieurs races, Laure avait sept ans, huit ans, elle ressentait ce qu'avait d'essentiel leur trio, avait foi en eux. La crèche blottie dans des montagnes de papier est un âge d'or, les taches de peinture blanche figurent la neige d'un col du Djurdjura. Une arrière-grand-mère, la seule qu'elle ait connue, lui en a parlé plusieurs fois, Laure avait douze ans. Un été entier son aïeule lui avait raconté ce qui ne l'a plus quittée, une jeunesse tellement lointaine aussi fragile qu'invincible. Laure suspendue à ses lèvres, à une vie d'avant, n'avait pas l'impression une seconde de sacrifier les grandes vacances à la pénombre d'un salon, et sans même s'en rendre compte elle s'était imprégnée de la mémoire d'un jadis. Bien sûr elle a oublié et brode dessus mais des images subsistent, et d'abord celle d'une vieille dame, la seule à oser prononcer le prénom interdit de la mère de Laure.

*

Après la messe on partage les pruneaux rôtis entourés de lard fumé, les toasts au saumon tout aussi fumé, on partage une fête et les cadeaux déballés à l'heure où l'on se couche d'habitude. Ils y arrivent, se réjouir, parce que des liens chaleureux les unissent autour du sapin, jeunes et moins jeunes, croyants, incroyants, unis. Une famille.

Pour Laure les meilleurs Noël se passent ici dans cette maison de l'après Algérie. Ceux qui s'y retrouvent savourent de se réunir sous un même toit. Une maison choisie pour ses quatre chambres, avec assez de place pour tous les enfants. D'une rive à l'autre et il a fallu tout recommencer. Les parents n'étaient plus si jeunes, ils ont fait comme ils ont pu, les enfants se sont débrouillés. Sauf une. Sa photo est dans le salon, dans la chambre des grands-parents de Laure et aussi le minuscule bureau de son grand-père, elle va de l'une à l'autre, suit un ordre précis, a l'impression de voir grandir sa mère, la compare ; préfère où elle est une beauté se balançant à un petit arbre en métal argenté dans le vaisselier au milieu de tasses en étain. À chaque branche son médaillon avec une photo. Quatre jeunes sœurs, un frère et leurs parents. Laure fait se balancer les visages, ils s'animent comme s'ils se parlaient, franchissaient l'indépassable. Pour cela elle doit être seule avec les traits juvéniles de sa mère, elle observe les lèvres à la fois pleines et plates, tente d'entendre ce que cette bouche pourrait lui dire.

Avec le dernier olivier à planter, Laure se lance dans une singulière procédure d'adoption, elle doit trouver où vivaient les siens, ramènera l'arbre, sera la fille qui adopte la mère.

Un atlas de son grand-père lui indique que la Kabylie est un territoire de 32 486 km^2, elle est bien avancée. Les rares fois où elle a tenté d'en parler à l'un des membres de sa famille maternelle elle a eu l'impression qu'on lui intimait de la boucler. Cet endroit a les contours imprécis et légendaires d'un bonheur achevé là. On n'y revient pas, défendu de l'évoquer, au risque de s'y brûler. On n'extorque pas ses souvenirs à une morte. On fait comment si on ne peut s'en passer ? On les détourne ? On les détoure et l'image se modifie, raconte l'histoire qu'on veut lui faire raconter. Ce n'est pas Laure qui vole les souvenirs de sa mère, on les lui a volés.

Et pour conjurer le silence, elle parle à sa grand-mère des six oliviers devant sa maison.

Sa réaction ne se fait pas attendre.

— Qu'est-ce que tu as encore été chercher et trouvé à remuer ? Arrête, ce pays n'est plus le nôtre. C'est fini.

La plus âgée désapprouve, sait y faire pour ne pas répondre, éviter coûte que coûte le pays perdu et coupe court. Elle a toujours un plat sur le feu à surveiller, mais que sa petite-fille lui dise adorer ce plat, sa grand-mère retrouve sa langue.

— On n'adore que Dieu.

On attend de Laure qu'elle se contente du présent, laisse le passé où il est, comme s'il ne la concernait pas. Combien d'années encore avant de situer précisément ce coin de terre où sa mère a grandi ? On les a mises elle et l'Algérie dans le même sac, on n'en parle pas. Mais quel vacarme dans la tête de sa fille. Elle ne gâchera pas le réveillon, gardera ses questions.

Ses grands-parents préfèrent l'entendre parler de la maison qu'elle a achetée. Ils s'amusent de son travail, non ce n'est pas une blague, elle est nègre, et tout sauf esclave. Quelle drôle d'idée, écrire pour les autres, ils ne le diront pas, mais ne cachent pas leur joie, elle vit sous *son* toit et sans emprunt à la banque. L'émotion sur leur visage, une gratitude de la savoir propriétaire d'un bout de terre ébranle Laure, elle regarde ce qu'ils ont perdu, l'Algérie.

Laure raconte à ses grands-parents comment elle entre dans la vie d'inconnus pour en faire des livres.

— J'ai affaire à des énergumènes, leur ego colossal, il n'y en a jamais assez pour eux, jamais assez d'éloges, d'attentions, ils ne doutent de rien et tellement pas d'eux-mêmes ou ils le cachent bien. Je suis leur voix, qui se vendra, c'est le but. Face aux journalistes c'est eux que l'on voit, que l'on écoute, ça me va.

Elle doit les apprivoiser, les surprendre, ne pas hésiter à les bousculer, les rassurer. Elle aime que cela se passe dans des palaces, des hôtels particuliers, des demeures et leur parc, prend des notes, enregistre, questionne, observe, devient eux. On attend de Laure qu'elle enjolive jusqu'à l'extravagance, les éditeurs la payent pour forger des destins, faire preuve d'inventivité. Les femmes sont les plus irrationnelles, souvent cinglantes, Laure préfère être nègre pour des hommes et déjoue plus facilement une tyrannie jamais loin.

— On ne me demande ni souffle, ni poésie mais de lire facilement en eux, de révéler tout en trompant. Arranger la réalité.

Chacun est potentiellement une rente. Nègre mais pas sujet. Nègre et… pied-noir, elle se le dit parfois, en sourit, et qu'elle réussit avec des inconnus où elle échoue avec ses grands-parents, les faire parler. Elle n'a rien résolu de l'énigme des premières années de sa mère. Tout ce qui lui reste d'elle est un coffre en bois qui lui a appartenu. Martelé de clous à tête de cuivre, cinquante-cinq, Laure les a comptés. Le coffre l'a suivi dans tous les lieux où elle a vécu, il conserve une odeur d'ambre, le parfum de celle qui en a gravé les parois ? Il y a là des oiseaux aux ailes excessives, un guerrier arc tendu la tête coiffée d'un tagelmoust, se protéger d'une cuisson du soleil. Et il y a le géant. Sa tête, son torse, disproportionnellement opposés à de tout petits bras, des doigts de fillette. À ses pieds, quatre femmes nues. Laure se reconnaît en elles bien plus que sur aucune photo, comme si les gravant, sa mère avait vu celle que sa fille deviendrait. Ces femmes dansent à même le bois du coffre, on ressent leur mouvement d'une célébration, de drôles d'oiseaux elles aussi. Leur ramage ? Des seins pointant. Leur plumage ? Une croupe divine d'être si haute qui remue sous vos yeux.

Le géant les domine, sorti de l'imagination de sa mère comme d'un ventre.

Été 1954

Un mirage, le fennec ? Pour tenter de le faire revenir, Made a été jusqu'à voler à Grand Ma une fleur magique cueillie dans le Sahara, la rose de Jéricho qui renaît chaque matin.

— Crois-moi ou pas, ma petite fille, cette fleur va plus loin que notre vie. Tu la vois complètement déshydratée, la crois fichue, mais non.

À observer la forme ligneuse, recroquevillée, plus serrée qu'un poing, Made avait douté. Alors Grand Ma profitant de l'humidité du matin a fait prendre l'air à la rose bizarre et sous l'effet de la rosée elle n'avait plus rien eu de rabougri, avait ouvert des pétales tentacules, vivante.

— C'est en se refermant que la fleur protège ses graines, un souffle les éparpille et tapisse le désert de ces roses sans épine et sans fin. Tu peux la laisser cent ans dans une fournaise, aussi ratatinée, desséchée soit-elle, une goutte d'eau et la fleur renaît.

Made s'est mis en tête d'attirer Fennec avec une rose de Jéricho et il réapparaîtra. Elle pose délicatement la fleur et s'éloigne, ne pas effaroucher son petit animal attendu, compte jusqu'à cent, revient sur ses pas et… trouve Le Gros Malin, leur chien, en train d'essayer d'ingurgiter la rose de Jéricho, elle sauve la fleur ! Est-ce qu'elle se serait ouverte dans le gosier humide, l'aurait étranglé Le Gros Malin ? Son père aurait été content ! Made doit s'y résoudre, Fennec ne la suivra pas dans la maison où aucun animal n'a le droit d'entrer et avec lui dedans aurait été sans limite. Elle aura pris un jeune chacal pour un fennec, mêmes oreilles pointues, un pelage, et revient bredouille de ses escapades au lever du jour, a pris goût à franchir la frontière du domaine, en l'autorisant d'aller à son gré sans toutefois sortir de l'oliveraie, on ne l'autorise pas justement. Et une gamine change les règles. Son imagination est une forteresse qu'elle dresse entre elle et sa mère. Elle vient encore de se faire gronder, elle frottait ses poignets avec des feuilles de menthe chipées dans la théière avant qu'on ne l'emplisse d'eau bouillante.

— Tu crois quoi, qu'on ne te voie pas ? Au lieu de gâcher la menthe, tu ferais mieux d'aider. Tiens, éponge-moi ces olives.

Sa mère croit davantage en leur huile qu'en la plus jeune de ses filles. Une huile qui permettra aux quatre sœurs d'étudier à Alger, d'apprendre un métier. Il fallait un garçon à Léa, mais elle ne gâchera pas l'avenir de ses filles en leur réservant le sort que son propre père pourtant instituteur lui a imposé, sous prétexte de ne pas être du bon sexe.

Elle aurait tant voulu étudier, n'a pas mis un pied à l'école, et on vous froisse le cœur.

— Parce qu'on n'est pas intelligent si on n'a pas leur truc qui se balade entre les jambes ?

Encore une fois les oreilles de Made traînaient où elles n'auraient pas dû. À ses filles, Léa le dit autrement.

— La Ferme n'est pas la vie que je veux pour mes enfants. Vous aurez un vrai travail, ne serez pas les servantes de votre mari. Pensez-y bien, il faut gagner votre argent, ne pas dépendre d'un homme.

L'huilerie est suffisamment éloignée de la maison pour que Léa n'ait rien à voir avec. Elle laisse le pressoir à son époux, la meule tractée par l'âne yeux bandés et il tourne, tourne.

— À le rendre chèvre.

Blague d'un de ses beaux-frères, il la ressort à chaque tour ou presque, et Léa de chuchoter.

— On ne sait qui est le plus âne.

La famille consomme des bidons et des bidons de leur huile, on en remplit des citernes, elle est commercialisée dans toute l'Algérie, peut-être même un jour en métropole, une expansion dont les grands se rengorgent.

Une centaine de mètres séparent l'huilerie de la cuisine, chacun son territoire et les enfants grandissent. Les fatmas enduisent d'huile les nouveau-nés, leur peau est une porcelaine chaude, un reste sur leurs doigts, qu'elles l'essuient à leurs talons, les attendrir, qu'ils ne se fendillent pas, et pendant une seconde elles auront pris soin d'elles. Made a observé Dihya mettre carrément les deux pieds dans une bassine et un fond d'huile, résultat elle les a lisses comme un bébé. Ceux du *petit père*, Made les attrape et ils tiennent tout entier dans sa main, elle les pose sur son visage, un pour chaque joue, ne les laisse pas sans y avoir planté un bisou, arrive à le croire un instant qu'elle en est heureuse de son petit frère.

Aux scourtins gorgés d'huile, leur mère préfère ses braséros, et tout qui cuit là, les régalera. Léa aime à nourrir son monde, se sent utile, satisfaite si on se ressert, il y en aura bien assez. Elle savoure de voir les assiettes se remplir avec à la fin du repas le coup d'œil satisfait de son mari, une tranquillité circule autour de la table et dans les estomacs, leur mère mange peu, gourmande de la gourmandise des siens, vivement que *le petit père* puisse goûter à ses beignets et elle se surpassera.

La déception qu'a été la naissance de Made, ne pas être le fils attendu et elle a dynamité l'espoir, Léa ne l'avouerait à personne. Mais pas un n'ignore qu'après l'accouchement elle a préféré se bander la poitrine et laisser Dihya, qui allaitait déjà Nour, nourrir la gamine de trop, chacune un mamelon, des jumelles de lait. On tète on se détend et quatre poings serrés s'ouvrent en même temps. Alors *le petit père* peut bien devenir un gaillard trop lourd pour ses genoux, se goinfrer de sa mère et faire un rot. Léa n'a jamais eu le temps pour l'imagination, complètement inutile au-dessus d'un couscoussier. Peut-être... si elle avait galopé plus longtemps sur son cheval et il y avait un bonheur entre ses cuisses... mais ce sont des enfants qu'elle a dû faire au trot. À présent elle l'a son garçon.

*

— On dirait qu'on est des soleils.

Made et Nour jouent à Alchérie, elles sont deux soleils sur la pointe des pieds, debout sur un sol stable, le visage renversé vers une lumière à en avoir le tournis, s'échapper d'une réalité.

— Nour, tu es prête ? Il faut tenir l'équilibre, essaye de laisser passer le ciel dans ta bouche, c'est délicieux, on est en Alchérie.

Si on demandait à Made ce qu'elle veut faire plus tard, elle répondrait,

— Je ferai Alchérie.

Nour aussi aurait une réponse, ne la dirait pas, *Je serai Alchérie.*

Ses parents n'aiment pas la voir sans arrêt avec Made.

Dihya le déclare sans détour.

— On n'est pas dans la même vie.

La mère de Nour a eu son lot de fagots et de fagots sur les épaules elle n'avait pas dix ans, un fardeau trop lourd à porter et il vous brise. Elle a porté pour sa mère, son père, les frères, les petites sœurs qui ont grandi et ont porté elles aussi, a porté pour son mari, et pour le Roumi. L'asservissement jusqu'au bout de l'existence. Grâce à la mère de la patronne, Dihya y échappe. Elle fait la servante pour calmer les jalousies mais se sait en sécurité. Son père est né dans le même village que celui qui deviendrait instituteur, petit ils jouaient ensemble et puis ça change on est encore enfant, le fossé ne se traverse plus et on est bon à travailler pour qui voudra de vous, une famille voisine de la vôtre mais qui a d'autres droits. L'obéissance à un qui pourra éloigner la misère, Dihya l'a vite comprise. Apprendre le français, l'apprendre à ses enfants, ferait un autre début, ses petits étaient dans son ventre, elle leur récitait les vingt-six lettres de l'alphabet, insistait sur les six voyelles, à voix basse que personne ne la surprenne. Des cinq qui lui sont nés, seule la fille semble avoir retenu la leçon. Ses fils n'ont pas voulu faire cet effort, Nour oui. Soi-disant l'école n'avait plus de place ni pour elle ni pour ses frères, ne serait-ce qu'un enfant, qu'on lui en prenne un, mais non. Et cette petite Made qui a changé son prénom a aussi changé l'injustice ; Nour sait lire et écrire, tout ça pour un mariage arrangé ? Heureusement la mère de la patronne est intervenue. Dihya a voulu que sa fille ne soit pas battue d'avance. Peut-être bien que cela arrivera grâce à cette autre gamine à qui elle a donné le sein. Les quelques mois où elles étaient bébés les deux on n'aurait su dire qui était qui. Au moins avec la naissance de Made, des seins nourriciers étaient les bienvenus et la patronne la laisse en paix, bien obligée d'accepter la protégée de sa mère. Est-ce que Nour en sera mieux traitée ? Un peu moins subir, qu'elle grandisse un peu avant… ce qui les attend toutes, qu'elles ne choisissent tellement pas.

Parfois Dihya est à son travail et Grand Ma vient la chercher, elle a tout préparé, des étoffes, des miroirs pour diriger la lumière, ce n'est pas le soleil qui décide avec elle, ni les ombres, cette femme le croit vraiment. Elle veut que Dihya ôte son foulard, refasse les tresses relevées sur le front qu'elle avait en arrivant à La Ferme à l'âge de Nour. C'est dangereux, on ne revient pas dans le passé, elle se tait, s'exécute.

Ce n'est pas une mauvaise famille, elle est bien tombée. Est-ce qu'on tombe bien ? Dihya a entendu celle qui décide tout affirmer que ce n'est pas bon de poser des questions.

— Les pires sont celles que l'on se pose, alors moi je le ferme le robinet des émotions.

La patronne n'est pas une femme féroce. Coriace, oui. Endurante.

Une Kabyle, on pourrait dire, mais Dihya préfèrerait se couper la langue.

« J'espère que tu n'oublieras jamais cette maison pleine d'ombre, ni ces êtres tissés de la même fibre que toi : la race, la langue maternelle, l'origine, il est bon que tu en découvres, même obscurément, le sens pour plus tard, quand tu te sentiras une éternelle exilée comme moi. »

Taos Amrouche, *Rue des tambourins*

Laure a exceptionnellement lissé ses cheveux pour le réveillon, faire plaisir à sa grand-mère ; les femmes de la famille traquent leurs cheveux frisés, les attachent même pour dormir qu'ils ne se rebellent pas. Derrière ses habits de fête et un sourire pour aller avec, il y a des larmes rentrées. Une des sœurs de sa mère ne s'y trompe pas.

— T'en fais une tête ! Et puis qu'est-ce que t'as encore à poser toutes ces questions quand même !

— Tu le sais toi où elle se trouvait votre maison en Kabylie ?

Eh... c'était il y a longtemps, j'étais petite, et puis maman elle ne veut pas qu'on remue tout ça, elle ne veut pas qu'on y revienne, et pourquoi faire d'ailleurs ?

Le petit Jésus est né il y a quelques heures, la tante et sa nièce sont chacune assise sur un des lits superposés dans lesquels quatre sœurs ont dormi en Algérie. C'est dans cette pièce que la mère de Laure a préparé le concours de l'école normale des instituteurs. Sur le mur la peinture d'une jeune Kabyle une jarre sur la tête et Laure y pense chaque fois, *C'est la fille dessinée qui nous regarde*, elle donne envie d'entrer dans ses couleurs, de devenir elle. Elle a un prénom que Laure a oublié, peut-être sa tante le connaît, elle pourrait lui demander, sent qu'il ne vaut mieux pas.

La jeune fille directement punaisée sur le papier peint a tout de l'étoile du berger ou de la bergère et en cette nuit de Noël le mur en paraît plus droit.

À droite du dessin, sous un pied nu, il y a un prénom en minuscule. Celle qui le portait en est plus réelle.

— Elle dessinait bien, ma sœur. Toujours à part, différente.

Mathilde sur le lit du bas, sa nièce sur celui du haut.

— Parle-moi de votre vie en Kabylie.

— Oh ben moi je ne peux pas te dire grand-chose là-dessus. Qu'est-ce que tu veux que je te dise !

— Tous vos arbres…

— Est-ce que je sais ? Il y a fort longtemps que ce ne sont plus les nôtres. Tiens, tu es contente ?

Laure laisse passer les ronchonnements pour mieux entrer dans des retranchements. Mathilde prête et pas prête à répondre, qui râle mais ne se plaint jamais.

— Papa a été en pension à Michelet chez les Pères blancs, comme tous ses frères. Les Pères blancs les ont mis dans la religion catholique à fond. Papa aurait bien fait autre chose après, continuer les études plutôt que travailler sur le domaine, mais son père ne voulait pas.

— Il nous raconte tout le temps ce jour quand il était lycéen et il a dévalé la montagne pour rentrer dans son village.

— Il l'a traversée. D'une montagne à une autre, le col qui sépare la grande et la petite Kabylie. Maman aussi est née en Kabylie. Après elle a vécu avec son père instituteur, il était muté dans plein d'endroits, elle a eu une enfance adorable. C'était une personnalité mon grand-père, ils avaient des chevaux, on les servait, elle a mené une vie douce au départ.

— Privilégiée.

— Privilégiée mais pas tout à fait, elle n'a même pas été à l'école.

— Avec un père instituteur ?

— Eh bien oui, elle lui en a voulu. Tout ça parce qu'elle était l'aînée, qu'il fallait qu'elle aide sa mère qui avait gosse sur gosse. Et maman s'est mariée à dix-sept ans.

— Elle était la promise de…

— Ils n'ont pas été promis du tout ! Leurs parents ne voulaient pas qu'ils se marient, ils n'étaient pas d'accord.

— Tes parents, ils étaient liés de quelle façon ?

— Ils étaient cousins germains !

Le ton change, Mathilde n'aime pas qu'on lui rappelle que ses parents sont cousins. Sa nièce n'y est pour rien tout de même ! De l'emmener sur un terrain qui ne lui plaît pas, si. Laure a tellement attendu ce moment ; elle garde une voix neutre, ce qu'elle apprendra est entre les mains de Mathilde.

— Cousins parce que c'était le père de…

— Le père de maman était le frère de la mère de papa. C'est lui qui m'a dit que maman lui avait fait pipi sur les genoux, elle venait de naître, il était un gamin de sept ans, tenait le bébé et… il l'a aimée au berceau on peut le dire.

D'évoquer ses parents amoureux, la voix de Mathilde s'adoucit.

— Ah oui ils s'aiment tous les deux, et encore aujourd'hui d'ailleurs. Pour un anniversaire il voulait lui faire plaisir, lui a offert l'horloge avec le carillon.

Cette horloge est toutes les horloges pour Laure, entendre ce même carillon dans une autre maison la bouleverse, l'émotion procurée si elle savait l'écrire aurait le parfum des aubépines.

— Tu as vécu en Kabylie.

— Oh mais attends, on est partis j'étais enfant !

— Maman y est née.

— On y est tous nés.

— Donc, vous grandiss…

— Oui, oui, oui, oui, oui… Je me souviens que j'attendais papa, on ne le voyait quasiment pas de la journée, je me souviens du bruit de ses sabots. Dans la cour il y avait de gros pavés et les sabots c'était papa qui revenait le soir ; la journée il s'occupait des oliviers, tout ça.

— Il y avait d'autres personnes que vous et tes parents.

— Bien sûr, il y avait les quatre frères, il y avait papa, André, Mathieu, Luc. Quatre garçons et deux sœurs. Tonton André qui était l'aîné habitait là, tout le monde y habitait, mais chacun avait une spécialité. Papa s'occupait de l'huile, tonton André des raisins, tu vois. Il y avait les arbres fruitiers, je me rappelle des gros abricots énormes comme ça, c'est tout ce que je me rappelle et…

— Combien d'hectares ?

— Alors là, non, non, non…

— Tu ne sais pas ? Cette terre, elle faisait vivre toutes ces familles ?

— Évidemment oui. Oui.

Tant de frères et sœurs, ça fait combien d'oliviers chacun ? Ça n'existe pas une question pareille, la mère de Laure ne se la serait jamais posée, il y avait *Chez nous* et c'est tout. Des dizaines d'ouvriers pour la cueillette, essentiellement des Kabyles et leurs gamins à la peine, accroupis au pied des arbres, triant les petits cailloux, les brindilles, les impuretés qui auraient donné un goût amer à l'huile, on pressait le jour même.

— Vous en êtes partis jeunes.

— Notre petit frère y est né et on est partis. Nos parents voulaient qu'on fasse des études, donc on est venus en ville, à Alger, voilà.

— Et les autres frères sont restés en Kabylie ? Tes oncles, ils ont fait quoi ?

— Oh avec les fellaghas…

— Vous avez su ce qui s'était passé ?

— Ah non, moi je… tu sais bien, les fellaghas, l'Algérie n'allait pas.

Mathilde rechigne, elle ne laisse pas sa nièce percer sa caboche coffre-fort. De la tante et la nièce qui est le lait, qui est le feu ? C'est en ne la quittant pas des yeux que la plus jeune ne perdra rien qui frémit.

— Du jour où vous êtes arrivés en France vous n'avez plus parlé de l'Algérie ?

— On est arrivés en 61, un an avant les autres, et papa et maman se sont fait accepter.

— Vous n'avez jamais eu envie d'y retourner ?

— Ah non.

Laure entend au rez-de-chaussée la famille qui s'agite, encore quelques minutes et on les appellera pour le déjeuner de Noël, elle ne pourra plus questionner sa tante.

— Vous étiez où à Alger ?

— À El Biar.

Mathilde tout à l'heure a évité de préciser où était leur maison d'enfance, pourquoi ? Que craignent-ils qu'elle trouverait là ? Elle retente avec Alger, situer où elle était sa mère vivante.

— Vous habitiez quelle rue ?

— Avenue du maréchal Joffre.

— Quel numéro ? Tu sais ?

— 11 avenue du maréchal Joffre.

Enfin elle tient une adresse, même si elle est à Alger. Elle trouvera cette rue, ira un jour se poster devant une porte, poser un morceau du puzzle, le terminer.

— Ta mère et moi on était demi-pensionnaires, nos aînées en pension, tous dans la même école chez les bonnes sœurs, même notre petit frère a fait sa maternelle chez les bonnes sœurs. Papa a pris une imprimerie, j'ai encore un bouquin qu'il a imprimé.

— C'étaient des romans ?

— Je n'en sais rien.

— Ça lui plaisait ?

— À l'époque les parents ne parlaient pas de grand-chose. L'appartement à El Biar était bien, papa et maman avaient leur chambre, notre frère, la sienne, petite. Les quatre sœurs on était dans la même, chacune son coin, c'est pour ça les lits superposés.

— Dans lesquels on a toutes dormi, sur les mêmes matelas où on est assises.

— Exactement. Avec l'armoire que tu vois dans le couloir, cinq étagères, une pour chaque enfant.

— Maman, elle dormait en haut ou en bas ?

— Ta mère, elle dormait sous moi. Et puis… ta mère déjà quand notre frère est né elle n'était pas bien, elle était jalouse de lui.

— Elle était petite pourtant.

— Eh ben oui, oui, oui, la naissance de notre frère l'a beaucoup perturbée, il a pris sa place et puis c'était LE garçon. Nous on est devenues rien du tout pour maman, j'exagère bien sûr mais… ta mère, ça lui a fait mal, personne ne s'en est rendu compte, il ne fallait surtout pas en parler, surtout pas creuser.

— Faire comme si.

— Et je me souviens quand on était chez les sœurs déjà elle ne mangeait pas, on m'appelait, elle restait des heures au réfectoire devant son assiette. On arrivait dans ma classe pour me dire, *Venez la faire manger*. Elle était là, elle ne mangeait pas. Ça je m'en souviens fort bien.

— Il y a des photos de maman en 76, on dirait un clou. Sur l'une d'elles j'ai huit ans, on a les mêmes poignets.

— Je sais.

— Qu'est-ce qui l'intéressait ?

— Elle aimait les livres, tout le temps dans ses bouquins, elle ne voulait pas jouer avec ses sœurs, elle était comme ça.

— Et les dimanches, vous faisiez quoi les dimanches ?

— Les dimanches c'était la mer, à Sidi Ferruch.

Les militaires français y ont accosté en 1830, a retenu Laure, des hommes attisent des feux devant des grottes, assiègent d'autres hommes, et l'enfumage de tout un peuple commence.

— Papa nous a appris à nager, il nous emmenait loin, nous disait, *Maintenant tu nages*, et il partait. Ta mère n'aimait pas nager, mes deux autres sœurs pas tellement, moi c'était ma passion.

— J'étais persuadée qu'elle adorait nager.

— Non, non, non, elle n'aimait aucun sport, elle aimait rien du… on la forçait mais non, elle vivait dans son monde.

Quelle présence qu'une absence qui vous hante.

Mère et fille n'ont pas eu le temps d'avoir les mêmes souvenirs et Laure s'approprie tout qu'on lui refuse.

On les appelle de la salle à manger, la table est mise, sa grand-mère a œuvré, le chapon et la farce luisent jusque dans leur estomac, ça rigole entre les plats et dans leur gosier. Derrière de vastes fenêtres un ciel s'invite et il éclaire la neige pour de faux au sommet de la crèche.

Ce soir Laure dormira dans le lit du bas, elle se couchera dans un creux du matelas, essaiera de retrouver la forme d'un corps, est-ce bien raisonnable ? Ce lit est un ventre, elle dormira comme son bébé.

Été 1954

Dans son *cahierlivre*, Made écrit des phrases pleines de débuts, elle suit des pistes, s'arrête, en trouve d'autres.

Il faut un courage pour croire que l'on peut écrire un livre, il faut ne pas pouvoir faire autrement.

Pourquoi pourquoi ce qui est loin avant nous
ne serait pas bon à savoir
alors qu'on peut en faire des histoires ?
Elles se perdraient si on n'en parle pas,
si on ne l'écrit pas.

Ce que Made apprend, elle l'apprendra à Nour, elle inverse le cours de ce qui ne devrait pas et deux gamines résistent aux imbéciles.

Assises sur leurs talons, avec leurs cuisses pour écritoire, elles notent les rites kabyles de tradition orale que Made a interdiction d'évoquer devant sa mère, plus dangereux aux yeux de Léa qu'une invasion de sauterelles. Un fléau, il a marqué les esprits depuis la nuée d'insectes soufflée par le sirocco en

1866. La totalité des cultures de la vallée détruites en un claquement de doigts ou presque, les adultes pour en parler se coupent la parole comme si ça leur était arrivé à eux, nés bien après.

Parce qu'ils le redoutent ?

— Ne restaient que les troncs, et uniquement ceux des oliviers, les seuls assez durs pour résister aux scies de la bestiole.

— Soudain il n'y a plus eu de ciel, plus de terre, seulement le filet noir de millions de sauterelles amassées, l'air tout épaissi et…

— … même le vent a fini par se taire.

— Ça grouillait, se posait partout.

Une nature abrasée, crépitante, pareille au son d'innombrables feuilles sèches qui partiraient en flambée.

Made n'en perd rien.

— L'orge prête à être moissonnée et…

— … la vigne des premiers colons, ils l'avaient cajolée, elle était enfin sur pied, le temps de voir venir, de croire qu'on y est arrivé et puis non, plus rien.

— Des lanières entières d'eucalyptus boulottées.

— Les oliviers qu'étaient encore pas les nôtres mangés tout crus.

Léa a tiqué, elle voudrait des racines dans la vallée, pas dans la montagne, voudrait avoir de bons ancêtres, veut le faire croire à qui ?

À ses propres enfants ? Pas tant pour modifier le passé que l'avenir.

— Aucun autre choix que se cloîtrer, calfeutrer la moindre ouverture…

— S'enfermer et ça ne suffit pas, les sauterelles entraient partout, elles…

— … sautaient des jarres à provisions, les ikoufens en étaient pleins, comment elles étaient entrées dedans, mystère.

— Le pire, ah oui le pire est qu'elles avaient pondu. Dans les labours. Des millions de larves. Quarante jours après voilà que ça a recommencé.

— La désolation. Et l'ironie, *Le malheur*, ils disaient les anciens, c'est que le tout était tombé du ciel en même temps que des entrailles de la terre. On fait comment ?

— On continue.

Parole d'un père pour ses filles, qui trouve à leur enseigner à vivre.

Tenir.

— Les feuilles repoussent, les cultures reprennent, les labours on les fait. Ce que donne et reprend la terre vous l'avez sous les yeux, on trime, même pour rien, la ceinture on sait se la serrer jusqu'au dernier cran, ou alors quoi ?

Il a fini sur une question, c'est qu'il n'a pas toutes les réponses ?

Made pose son crayon, ne sait quoi ajouter.

Elle passe une page, ne la tourne pas.

*

Elle en a cauchemardé du mariage arrangé et ce mauvais rêve, Made n'arrive pas en sortir, il lui colle à l'esprit même en plein jour, une glu.

Elle revoit le henné de Nour sur ses ongles avançant sur la peau de son amie, jusqu'aux coudes et puis les cuisses, les épaules, transformé en de l'incontrôlable, la recouvrant tout entière et au milieu il y a le ventre. La tache de henné progressant vers le nombril, jusqu'à y entrer, une mer sombre et ça fait mal. Le ventre avait aboyé comme un chien devant le danger et on recule. L'aboiement du ventre de Nour avait réveillé Made, la laissant avec l'impression d'une peau de petite fille se déchirant comme une feuille devenue inutilisable d'être en deux morceaux mal découpés.

On n'écrira rien dessus.

Plusieurs minutes après, une appréhension persistait, insinuante, elle avait mis la tête sous l'oreiller mais le cauchemar y appuyait, prêt à se glisser sous le drap ; un jus noir, le henné mal appliqué. Et si c'était elle l'incontrôlable ? et cela s'installe, être la fautive, la responsable de tout le mal qui arrive, arrivera. Comment l'empêcher, ce que l'on est ? On n'empêche pas le sable de s'écouler d'un sablier, même en le retournant.

Elle retourne l'oreiller, aérer sa tête comme on aère la pièce quand il fait trop lourd, et si c'était en elle qu'il fait trop lourd ? Une petite fille parle à son cœur, *Ce n'est pas grave, ne t'arrête pas de battre surtout, mais ralentis un peu, tu as pris mon souffle. Je vais nous sortir de là, on retrouvera les jours d'hier, d'accord ? Chuuut… chuuut, calme-toi, je suis la même, tu es le même.* Alors qu'elle berçait son jeune cœur comme un enfant que l'on endort, Made a senti la tache durcir, un noir si épais, si acharné, il vous détruit pour de bon.

Le cauchemar la prenait en sacrifice.

Une gamine n'aime pas ce qu'elle entend d'une différence obligatoire imposée à d'autres humains, les mêmes quand même. Avec des yeux pour voir, des oreilles pour entendre, un cœur opaque de tout l'injuste qu'ils subissent, on les utilise comme une machine et on les casse.

Il y en a une autre de cassée. Et en morceaux. Ceux de son fils ramené à La Ferme par petits bouts. L'aîné des cousins de Made. On a eu beau essayer de le cacher aux plus jeunes, elle a les détails même si elle n'a pu les voir ; une partie de la tête mais sans mâchoire, un seul bras et sans main, les épaules entières et pas loin du cœur une médaille de baptême, on a été sûr que c'était lui. Philippe. Ils ont beaucoup de différence, il est même plus âgé que l'aînée des *pénibles*. Était. Soufflé par une explosion. Philippe aurait dû monter dans un autre bus, il a changé au dernier moment, il revenait pour une permission, la dernière de son service militaire. Les parents sont égarés dans le malheur, la tata veut rejoindre son fils, le retrouver où il est, elle n'arrête pas de le répéter et on ne la laisse pas seule. On en sort d'un chagrin pareil ?

Son oncle continue de prier, pas sa femme.

On ne sait qui a fait l'attentat, Made a entendu parler de bons coupables déjà châtiés, c'est assez horrible de bout en bout et l'écrivant, une gamine le sait, elle ne se relira pas.

Après ça il y a eu une bagarre d'enfants, ses cousins, et même des cousines ont voulu s'en prendre à Nour et ses frères ; le seul à les défendre a été Le Gros Malin, enfin il méritait son nom ! Made a foncé dans le tas. Dans le tas de crétins, elle a griffé, pris des poignées de cheveux, s'est pris des baffes et des coups dans les tibias, un adulte a fini par intervenir. Elle est encore énervée de l'indignation et de la rage, de l'injuste, vient de faire sa première rature.

Pourquoi pourquoi je n'aime pas les poupées ?
Elles ne ressemblent pas aux femmes.
J'ai pris une planche en bois, y ai collé un miroir pour la tête et me vois dedans.
Je décide si elle sourit la fille au visage de glace.
Elle a des épaules si minces
et un cou d'enfant que l'on est.
J'ai récupéré les frisures de Nour, de les coller autour de mon visage dans le miroir j'ai eu envie de danser et je l'ai fait.
Avant j'ai attendu que ça sèche, que la colle prenne.
Je ne laisserai personne toucher à un de ses cheveux.

Sa main ne note pas assez vite, Made après n'a plus de jambes, elle ira au bout du *cahierlivre*, pense déjà au suivant plein de Pourquoi pourquoi, à la liberté d'y répondre, elle écrira le cousin Philippe, qu'il soit encore entier quelque part, découvre qu'elle peut agrandir sa vie d'enfant. Toute la vie ? Made l'a promis à Nour, elle l'emmènera à Alger, elle sait pouvoir compter sur Grand Ma, elle sent que Léa ne l'interdira pas. Son amie sera une femme et demie. Elle a entendu Dihya le dire à sa grand-mère, a compris qu'une femme et demie même si elle perd une moitié d'elle reste entière. Pour Grand Ma c'est grâce au Leica, pour Made il y a le *cahier-livre*, Nour ce sera d'étudier, y avoir droit. Et ce sera moins grave si on leur enlève beaucoup d'elles, il reste encore assez de ce que l'on est.

— Il y en a un million, vous entendez ? Un million privé d'instruction.

Le père de Made construirait bien une petite école sur le domaine, les enfants de ceux qui y travaillent en seraient mieux. Made en est chamboulée, pas du million, mais de son père qui veut changer la donne.

Léa s'inquiète pour la cueillette.

— Tous mangent à leur faim ici, ce n'est pas assez ?

Elle veut une vie meilleure mais pour *ses* filles et plutôt que s'embêter avec une école, se trouve juste en ajoutant une mesure d'orge et de blé pour chaque naissance d'un petit musulman, même les années de mauvaise récolte après que les saletés de grives ont bouffé toutes les olives, sans parler du ver dacus. Quelle que soit la quantité d'huile vendue, les ouvriers ont autant de galette et de figues séchées, du raisin, ses grappes bleues d'être violettes, des grains gros comme le pouce, tout qui est bon pour se nourrir. Léa la bien intentionnée.

— Nos ouvriers ne seraient pas mieux ailleurs, au moins leurs gosses n'ont pas à sucer une tige de chardon pour tromper la faim.

Pour toute réponse Grand Ma lui tend de vieux journaux, Léa ne les lira pas, Made si. Des articles d'avant sa naissance avec écrit en gros *Géographie de l'esclavage kabyle.* La suite qu'elle n'aime pas, *les propriétaires kabyles qui n'ont rien à envier aux colons…* Elle détourne les yeux avant de s'obliger à continuer à lire. *Pour la cueillette des olives, on a aussi institué un salaire familial.* Made a compris que ce n'était pas beaucoup, que les propriétaires kabyles ce sont… quant aux esclaves c'est la famille de Nour.

Toucher leurs olives juste avant la cueillette, Made l'attend toute l'année. Elle passe la main dans les feuillages, y consacrerait des journées si elle n'avait à étudier. La texture de l'olive, poudrée et grasse, bombée, est aussi douce que tout ce qu'elle pourrait toucher de son amie si elle osait.

Dans quelques semaines les olives seront bonnes à récolter, Made les a vues changer de couleur, s'arrondir, perdre de leur fermeté pour un charnu qu'on leur envie. Elle passe du temps à en choisir une, la fait rouler dans sa paume, une olive, une seule, qu'elle gardera précieusement jusqu'à l'année prochaine et elle est toutes les olives, elle l'observera se rider, se flétrir, rester l'arbre que Made change de poche, ne perd pas. Et quand elle sera vraiment fripée, une autre pousse sur une branche, la remplacera. Nour serait impossible à remplacer, elles ont la même peau et il n'y a qu'une indigène ? Il y a celui qui est bon et le pas bon ? Tout ça à cause d'un Dieu bien trop regardant, elle s'en passera. L'archi-grand-père sur son nuage ne l'empêchera pas de faire des baisers papillon à son amie. Leurs visages rapprochés à se toucher, elle qui bat des cils et ils deviennent des ailes sur la joue de Nour.

Dans quelques années, Made se penchera sur un berceau, elle poursuivra un souvenir sur le visage de son enfant, cils contre peau, déposer l'amour. Plus tard encore la fille de Made ne fera rien d'autre en approchant son visage de son petit.

Chercher une sensation du passé.

Cet instant où une mère déposait sa caresse et l'amour ne s'arrête pas.

« Chaque fois qu'il m'est arrivé de m'allonger
dans l'ombre d'un olivier, et de regarder
à travers les branches le ciel criblé d'olives,
c'est comme un visage que je voyais,
ressemblant au tien, un beau visage qui veillait. »

Jean Pélégri, *Les Oliviers de la justice*

La trop vieille et l'autre si jeune. Laure a peu connu celle qui racontait si bien le désert, des histoires de dunes magiques, de vipères de sable qui écrivent des paroles mystérieuses du Sahara avant de disparaître dans une fraîcheur des gueltas.

Son arrière-grand-mère remontait le cours de ses rides et l'emmenait sur un tapis de sable. Le front appuyé sur des veines monticules, la petite Laure écoutait.

— À quinze ans je n'avais déjà plus l'âge des mirages, je savais les oasis incertaines, finalement c'est moi qui ai osé. J'avais un amoureux et il allait partir pour toujours. Mon père nous a laissés nous dire adieu sans témoin, et ce que je voulais c'est le regarder loin, loin, loin… effacer la peine qui faisait un îlot de sel au coin de ses yeux, j'ai étiré avec ma salive un ruban frais sur ses paupières, comme ça, ne t'inquiète pas, je n'ai pas mis de bave, si un jour un sel te pique trop les yeux, tu essaieras.

La petite Laure suivait le cours sinueux des varices de ses doigts d'enfant et retenait tout. Qui était-il cet amoureux ? Probablement un héros magnifique. Quelle histoire extraordinaire pour une gamine.

La vieille dame lui a transmis son Sahara inégalé, un désert qu'elle aura fait briller dans des yeux écarquillés. Elle empruntait aux contes berbères et ceux de Kabylie, pareils et différents, les connaissait tous, peut-être même inventait-elle un peu, ou peut-être ces aventures étaient des histoires vraies déguisées.

La si vieille décrivait à la si jeune des images invisibles d'un désert à perte de vue, et même en noir et blanc il débordait de couleurs.

Elle lui en a soufflé la démesure, que donner de mieux à un enfant ?

— Tu as de la place en toi pour ce qui ne se voit pas, ma petite Laure. Tu me rappelles… elle aussi écoutait bien. À ton tour à présent, et je pourrai dormir pour de bon. Parce qu'on en a marre, hein, la vieillerie… c'est n'importe quoi, on n'est rien que du rafistolage. Soixante ans sans mon amoureux, c'est trop, même si je n'allais pas flancher parce qu'il n'était pas là. On nous dit, *Les meilleures choses ont une fin*, les mauvaises aussi, va. Que sait-on de ce que l'on aurait vécu ?

Après sa mort la petite Laure s'était tournée vers les gravures d'un coffre en bois. Sa préférée ? Le géant aux petits bras et aux doigts de fillette, entre ses mains atrophiées il avait ce pouvoir de tenir des souvenirs prêtés à une vieille dame préposée à pas grand-chose après leur arrivée en France. Une pièce rapportée, sans nulle part où s'installer, hôte du reste de ses jours. Pas simple de vivre chez les autres, et ce qui est bon pour une maison l'est d'autant à l'échelle d'un pays. Le surmonter demande beaucoup d'amour, de mains tendues.

Aujourd'hui les six enracinés devant la maison dans la nature lui disent, *On sera toujours là.* Et celle qui lui a donné un jour le désert lui paraît aussi persistante que leurs feuilles. C'est elle l'olivier au tronc le plus craquelé, tortueux même, avec dans son écorce plus d'yeux que les cinq autres. L'hiver, les fourmis se mettent à l'abri dans ses crevasses, l'été les cigales y chantent après que la chaleur soit tombée.

Laure essaye d'extraire de sa mémoire d'enfant quelque chose encore que la vieille dame lui aurait confié, comme on empêche les photos de tomber dans un album en y collant des coins. Elle, c'est aux coins du souvenir qu'elle se colle, avec sous les yeux ce dessin d'une jeune Kabyle punaisé sur un mur ; elle est la branche maîtresse de l'arbre manquant.

*

Laure est enfin dans le pays qui ne franchit pas les lèvres d'une famille. Sa première fois en Algérie. Le Sahara pourrait paraître loin de la Kabylie mais ce n'est pas un détour, plutôt un chemin pour y arriver.

Elle vient d'atterrir à Djanet, n'arrête pas de se le répéter, *Je suis en Algérie*, et les paillettes de sable au bout de ses doigts lui paraissent être une diffraction d'une vieille dame qui parle encore au fond d'elle.

— Le sable, ma petite Laure, n'est pas ce que l'on croit. Avant de nous glisser entre les doigts, il est un bloc d'infimes lamelles ; un choc, et elles se désagrègent.

Tant d'espace… et on se débarrasse d'une tête industrieuse, pas d'un soleil captif de la roche, la main de Laure approche et recule du granit, en sentir la chaleur comme un cœur qui battrait sous la pierre. Bivouac après bivouac, elle fait sa mue. Une quiétude se mêle à son sang qui circule comme une buée d'or dans tout le corps.

Elle a trouvé un guide pour elle seule et après des jours sans point d'eau ils approchent d'une guelta, vaste récipient naturel, des dizaines d'oiseaux grands comme le pouce s'éloignent d'un même envol, voilà que la pierre a des ailes, l'effet Moula Moula, l'oiseau porte-bonheur des Touaregs, sa présence annonce l'eau. L'érosion constante du grès façonne des formes destinées à disparaître, mais quand ? Sous cette lumière, Laure y voit une chair tuméfiée, à vif. Combien de millénaires encore, combien de tempêtes et ce qui est un roc, une masse infranchissable, compacte, s'effritera, devient reg ou erg.

Les Ajjers. Dix-neuvième jour de méharée. Elle monte rarement sur son chameau, préfère marcher. Elle a observé les poignets, les chevilles des hommes bleus, aussi minces que les siens, une même paume étroite, doigts effilés, a vite saisi le laideron qu'elle est pour eux, pas assez grasse, pas de mamelles ; elle suscite leur stupeur, une consternation, en leur apprenant que non, elle n'a pas d'enfant, ils en sont désolés pour elle ! Avec son guide ils ont convenu de terminer par la forêt de pierres et les peintures rupestres mais il a changé d'avis, la fait tourner en rond depuis hier, la toubab le fatigue, il ne veut plus avancer. Sans réfléchir Laure lui fausse compagnie. Partir seule en plein désert n'est pas malin et dangereux, sans repère, sans savoir où l'on va et le soleil cogne.

Plus d'eau dans sa gourde, c'est elle la gourde, elle entend enfin leurs chameaux menés à grands cris dans son dos.

D'accord, le guide l'emmènera où elle veut.

À Séfar.

Laure avance dans un canyon de colonnes et de blocs de granit, son regard en attrape difficilement toute la hauteur, la roche l'éblouit de figures intactes, bêtes et humains peints ou gravés, leurs mouvements sur la pierre semblent l'entourer, la devancer où elle ira. Rites primitifs empreints d'une magie disparue. À l'époque du Néolithique des hommes ici ont dessiné jusqu'à 15 000 peintures ou gravures sur les parois du Tassili. Certains des animaux représentés sont d'une époque où l'eau courait dans le Sahara, d'autres datent de l'ère proto-berbère il y a dix mille ans. Scènes de dépeçage de bœufs, d'antilopes ou de phacochères, plus loin une fresque que traverse un troupeau de zébus mené par des hommes aux épaules isocèles, d'autres ont des pieds de mouflons. Elle tombe sur des guerrières bandant un arc devant leur sein. Et aussi des combattants nus, ou des oiseaux aux ailes géantes, les peintures les plus récentes s'accompagnent de caractères tifinagh, certains sont encore utilisés en tamazight, la langue berbère, il y a sur la roche des lignes sorties du sol pour atteindre le ciel, être un pont entre ce qui ne peut se rencontrer. Laure les suit du regard ces lignes jamais droites et galbées, réalise qu'elles dessinent des jambes, immenses, un corps étrange, une tête qu'elle connaît bien.

Le géant sur le coffre de sa mère.

Il la domine de ses trois mètres.

Ici, gravé dans la roche.

Elle retrouve exactement le même torse surdéveloppé, disproportionné comparé à ses petits bras, et au bout cinq doigts de fillette.

Que fait-il là ?

Il lui faudra quelques heures pour modifier sa question, *Comment est-il arrivé sur le coffre ?*

Ce géant a quatorze mille ans et ils dorment sous le même toit depuis que Laure est née.

Pour elle, il a un parfum d'ambre.

Sa mère l'a connu où ce géant ? Il n'est finalement pas sorti de sa tête comme sa fille le croyait et chaque fois que Laure le regardait elle pensait, *le géant de ma mère*. Aux bras d'enfant, le torse difforme d'être énorme, insolite, il allait bien avec une fantaisie qu'elle prête volontiers à celle qu'elle a si peu connue. Rien n'atténuera la sidération de cet instant. Un peu comme si en plein désert sa mère avait saisi sa main, l'entraînait, l'encourageait, comprenant ce que l'on ne peut empêcher.

À son retour, Laure apprend que le géant a un nom, le Grand Dieu de Séfar. L'explication de sa présence sur le coffre, elle la trouve dans un livre ayant appartenu à sa mère qu'elle finit par avoir entre les mains. Sur la page de garde, l'initiale du prénom de sa mère et son nom de jeune fille, elle a recopié un proverbe touareg, Laure reconnaît son écriture. « *Si loin que nous portent nos pas, ils nous ramènent toujours à nous-mêmes.* » Quelques pages plus loin, Henri Lhote, l'auteur du livre, a écrit, « *C'est un bien petit détail, dira-t-on, mais c'est pourtant à l'aide de détails de ce genre que l'on reconstitue le passé.* » En gravant le géant sur son coffre, une mère n'a rien fait d'autre que ne veut sa fille. « *On s'aperçoit alors,* note encore Henri Lhote, *que l'archéologue n'est qu'un détective des choses du passé.* »

Été 1954

Made a décidé d'attraper un chardonneret et elle étonnera Dihya. Son enfance c'est aussi la vie des animaux, les approcher, apprendre d'eux. *Timerqemt*, elle appelle l'oiseau à voix haute dans cette langue que lui interdit Léa. Avec Nour elles ont ce désir de tenir un oiseau entre leurs mains, non pas pour le mettre en cage mais le relâcher, pour cette seconde où elles le sauveront. Elles ne lui veulent aucun mal, juste le libérer de l'avoir capturé. Un oiseau retrouve son ciel et un rose leur vient aux joues de faire le bien.

Made suit exactement les instructions de Dihya. Pour attraper Timerqemt elle trempe son index dans l'huile avant de toucher la résine sinon son doigt collerait à la branche, puis elle saupoudre de sucre, le piège parfait. Elle pourrait tout aussi bien y coller *le petit père,* le décollerait de leur mère. Depuis qu'il est né, Made n'arrive plus à manger que de minuscules bouchées. Pour redevenir un bébé ? Quand elle a de ces idées qui tournent dans sa tête, la terre pourrait l'avaler. Son frère pas plus gros qu'un corbeau, un oiseau qu'elle n'aime pas.

Grand Ma aime lui montrer le drap noir qu'ils font sur le vert des oliviers.

— Regarde un peu cette cape moirée dès qu'ils s'envolent.

Moirés ou pas, les corbeaux obligent les frères de Nour et d'autres gamins à surveiller les arbres avant la récolte, empêcher les volatiles de se poser, ils dévoreraient les olives, il y a tellement de collines à garder. On donne un seau en fer-blanc aux enfants, priés d'en faire un tambour, effrayer ces oiseaux de malheur. Pas plus tard qu'hier, Dihya en a visé un avec son lance-pierre, le projectile l'a abattu en plein vol, toutes ont écouté un cri de l'oiseau, Grand Ma avait déjà appuyé sur le déclencheur du Leica.

Dihya attentive à ce que lui dirait le corbeau l'a récupéré et tailladé, elle a sorti ses entrailles, la grand-mère de Made approuve.

— Regardez ce rubis ruisselant de soleil, ça ne sent pas bon mais c'est beau.

Elle n'arrêtait pas de photographier. Tagd'it, les entrailles d'oiseau femelle, seule Dihya sait les reconnaître. Made aurait bien tenu le couteau, déchirer la chair sous les plumes. Plus que dans leur ventre, c'est dans le vol des oiseaux qu'elle aimerait lire, elle suit des yeux un chemin dans le ciel, y voit des mots qu'ils lui confieraient, une langue inventée que personne ne comprendrait sauf elle qui la déchiffrerait.

L'envol de Timerqemt, s'il échappe au piège, pourrait bien lui révéler que tout va changer irréversiblement, elle en est impatiente, effrayée.

Qu'est-ce qu'elle va perdre ? Qu'est-ce qu'elle empoignera ? Le crépuscule de son enfance lui donne des éclairs de vérité.

Avant de laisser Timerqemt repartir, Made essuie encore la résine sous ses pattes ou il se piégerait lui-même. Elle reste dans le silence de l'oiseau, le bleu où il s'échappe, mais son bec, ses petits os qu'elle n'a pas brisés ne seront plus jamais les mêmes d'avoir été menacés.

Devant elle, un horizon végétal. Quelque chose ne va pas. Des ombres bougent au sol, des ombres qui ne sont pas celles des milliers de feuilles accrochées à leurs branches. Elles rampent, s'immobilisent, se cachent, progressent à l'intérieur du domaine, elles veulent quoi ? Made essaye de les compter, n'y arrive pas, les ombres bougent tout le temps, se dirigent vers l'huilerie. Des gamins ? Elles sont trop grandes. D'y être mêlée, Made en est paralysée et ça la traverse : elle est d'accord avec les ombres.

Elle a l'impression de tomber sur l'intitulé de son devoir de certificat d'études il y a deux ans, en reconnaît les effets.

Du ventre à son souffle, et même ses jambes, une peur les bloque.

*

Vous écrirez votre plus grande peur. Le sujet. À faire tenir sur deux pages, avec deux heures pour rédiger. Un picotement, une excitation, Made a su immédiatement ce qu'elle raconterait, n'a laissé aucune chance à une autre peur, elle allait adorer l'écrire.

— C'est obligé ma Sœur que ce soit arrivé ? Ou ça pourrait exister mais ne se serait pas passé.

Il avait fallu commencer sans réponse, la Sœur n'apprécie pas ses questions, son élève lui donne un air accablé dès qu'elle ouvre la bouche. Made le trouve bête cet air.

— Cette enfant aurait besoin d'être remise à sa place.

Ce que la Sœur a dit à son père après avoir corrigé le devoir, l'avoir très mal noté. Elle avait voulu rencontrer un des parents.

— Que vous voyiez à qui nous avons affaire, cher monsieur, être vigilant vous comprenez, ou cette petite… Oh, elle est intelligente… mais pas de la bonne manière, ça ne vous causera que des soucis. Pour cette fois, je remonte la note, on ne va pas lui faire manquer son certificat, mais parlez-lui, ne laissez pas passer.

Un père et sa fille effectuent le bref trajet pour rentrer à la maison, roulent sans un mot. Elle, attendant, espérant qu'il la comprenne, l'aime comme elle est, même si elle n'écrit pas ce qu'il faut.

Son père arrête la voiture juste avant l'entrée de l'oliveraie, avance une main vers sa joue, elle n'a pas reculé, n'a pas craint la baffe, c'était un geste tendre. Il lui donne sa rédaction, parle de sa voix d'homme calme, et en même temps non mais il faut l'aimer beaucoup pour s'en apercevoir.

— C'est un bon devoir, ma fille. Il ferait mal à ta mère, nous le savons. Mais c'est un bon devoir. Continue.

Continue. Est-ce qu'elle l'aimera un jour plus qu'en cette seconde ?

Elle ne le croit pas. Et ce n'est pas grave, au contraire, il vient de lui donner plus que de l'amour, la certitude qu'elle a un père.

Il remet le contact, conduit encore plus doucement que d'habitude, ils rentrent sans échanger un mot de plus, sans perdre un millième du millième de millième de tout ce qui est bon et les réunit dans le *Continue.*

L'idée de la rédaction était arrivée à toute allure, lui était rentrée dedans. Made aurait pu en tomber de sa chaise. Les deux pages à remplir pour le devoir ce n'était pas assez, ce qu'elle voulait c'était remplir le tableau, tous les murs de l'école, et même la route entre La Ferme et l'estrade où elle se serait bien vue à la place de la Sœur. L'idée aboutirait à un devoir délicieux, différent. À faire des cabrioles sur l'invisible, difficile de soigner l'écriture, ce qu'elle voulait c'est tout restituer qui surgit, l'émerveille, et fait d'elle une petite personne vibrante.

Elle serre fort la plume et on va à la ligne.

Ça ne se fait pas pleurer à voix haute, alors on se cache. On se cache des autres et on croit même que l'on n'a pas pleuré. Ma plus grande peur est arrivée. J'ai entendu une douleur secrète qui voulait le rester. Dans l'arrière-cuisine entre les bocaux et le couscoussier. La peur avait une couleur de tomate et celle pâle d'un grain de couscous resté sur le bord du plat. Je ne suis pas entrée, je ne me suis pas signalée, est-ce que je savais qui je trouverais qui pleurait ? Je crois. Est-ce que je le voulais, le redoutais ? Les deux. C'était une peur demandante (je sais bien que le mot n'existe pas mais on doit pouvoir inventer des mots, on a le droit, non ? et ils seront plus forts de tout ce qu'on leur donne). J'ai écouté jusqu'au bout, jusqu'à ce que la peur se calme, mais elle ne s'apaiserait pas j'en suis sûre, et je veux bien en prendre un peu. Une peur de premier choix, elle pique comme un piment que l'on a touché du doigt et si on frotte ses paupières, ça brûle jusque sous nos yeux.

Alors voilà, je marchais à pas de velours comme j'aime faire, un velours solide et personne ne m'entend, ne sait ce que je surprends. J'allais sans savoir. J'ai d'abord cru au gémissement d'un chiot ou de n'importe quelle bestiole à qui l'on ferait du mal, je ne crois pas que les insectes gémissent, les oiseaux non plus, en m'arrêtant je savais déjà que c'était un son humain qui ne veut pas faire de bruit.

J'ai juste eu besoin de me pencher, la lumière dans cette pièce passe par une fente dans le mur, un semblant de fenêtre, une ouverture juste ce qu'il faut pour assez de jour sans déranger la fraîcheur. Je ne pouvais pas enlever le gémissement ni l'arrêter, ne le devais pas, je suis une petite fille. Je suis sa fille.

Une femme veut enfermer sa peine en elle-même, la retenir, alors qu'il faut qu'elle sorte et s'en aille. La ligne de ses épaules affaissées, avalées par un vide, se rattrape à un angle derrière les étagères. Elle me fait penser à un scarabée en tablier qui ne voudrait pas se salir. Je reconnais un accroc reprisé au-dessus de la taille, me retiens de m'y jeter tête baissée, quémander un bisou que je n'aurai pas, moins que jamais. J'évacue le tablier tentant, me concentre sur le scarabée monstre. Tous les scarabées ne sont pas noirs, il y en a des arcs-en-ciel, rutilants de couleurs sur la terre battue et ils vous gratouillent dans la main si on les attrape. Pourquoi les pleurs ? Pour qui ? Je ne vois que son dos pleureur et finalement plutôt qu'un insecte elle me fait penser à un arbre sans branche, sans feuille, pas même une olive, un tronc nu, tout désolé, le cou rentré, les mains en prière ou sur son cœur. Est-ce que c'est assez de peur ? Est-ce que ce serait la plus importante ? Assister à sa douleur bien trop grande, elle dépasse l'adulte qui préfèrerait la garder enfermée, s'en débarrasser mais ne peut pas, n'y arrive pas. Et je ne pourrai l'empêcher, son malheur ? Même de toutes mes forces ? Ma première fois avec l'amourpeur, il y en aura d'autres. L'amourpeur d'être trop vaste, trop encombrant, Déplacé, *je sais qu'elle le dirait.*

J'ai vu pleurer ma mère.

Non, je l'ai regardée.

Made aurait voulu remplir plus de feuilles mais le temps était écoulé.

Elle écrivait, elle était invincible.

La Sœur a mis du rouge partout, elle a dû vider l'encrier. Elle ne sait que leur apprendre l'histoire d'un pays qu'ils ne connaissent même pas. Vercingétorix, César et Napoléon, les trois petits cochons.

Mais une fille fait comme son père a dit, *Continue.*

Elle a planqué la rédaction dans le *cahierlivre* et quand on l'ouvre, il commence avec elle. Le risque ? Que sa mère le lise.

*

Ces ombres qui avancent sous les arbres n'ont rien à faire là et elles seraient une plus grande peur encore ? Made ne va pas les laisser faire et leur crie dessus comme si elles étaient des corbeaux, les formes au ras du sol font immédiatement demi-tour, reculent. Une ombre ne s'attrape pas, comment on la rattrape ? On entre dedans ? On y saute à pieds joints ? L'ombre rapetisse, vous dépasse, elle vous suit, vous précède, demeure inaccessible.

L'air lui paraît plus clair, sans contour, un air net, les troncs plus sombres, de ce qu'ils ont vu ? Ont reconnu ? Qui couve maintenant dans sa tête de fille toute folle.

Pourquoi elle pense à Omar, le grand-père paternel de Nour, l'infirme du domaine ? *Le cul-de-jatte*, ricanent ces andouilles de cousins, ils tournent autour, agacer le vieil homme adossé à un arbre et il sert quand même à quelque chose, fait l'épouvantail pour tenir à distance les grives. Qu'est-ce que ça fait de regarder les autres immenses au-dessus de votre tête ? Même un enfant lui fait une ombre à Omar. Celle des arbres lui évoque-t-elle des humains qui le protégeraient ? L'olivier contre lequel on l'a adossé ce matin a tout d'un sage, un marabout au pied duquel Omar se tiendrait. Certains oliviers ont un air renfrogné ou d'avoir un sale caractère, Made les évite, cela tient à leur écorce difforme, jusqu'à en paraître crispée, une expression que sa mère a parfois sur le visage.

À l'inverse, les saillies ou les excroissances des autres troncs ressemblent à une hardiesse de Grand Ma, aucune hache ne les décrocherait de leurs racines. Made recherche les bosses et les surfaces lisses où l'arbre est blessé, ça la rassure de le voir encore vivant. Et il y a les bambocheurs, au moindre souffle ils font la fête, leurs feuilles s'agitent, on ne les arrête plus. Tous, bientôt, seront lourds d'olives, les branches courbées pareilles à une mauresque penchée sur son labeur, bras ployant sous la tâche à accomplir.

Les vignes au fond du domaine ne s'enivrent-elles pas un peu du raisin qu'elles donnent ? Et pour le croire, une gamine se le répète, *Quand je serai assez grande j'écrirai au grand jour sous un arbre, j'ignorerai les heures, j'en ferai ce que je veux du temps.*

Cul-de-jatte, Made s'est juré de ne jamais le prononcer. Une expression infamante, qui ne dit rien de la souffrance de ne plus avoir de jambes, il y a des mots n'importe quoi. La jatte, on cuisine dedans, et le cul… ce qui en sort ce n'est pas Omar tout de même ! On l'affuble de mots plus bas que terre mais il a fait la Grande Guerre.

Parce qu'il y en a des petites ?

Pour défendre Omar, elle a dû encore se battre avec un des cousins, personne n'a gagné mais c'est elle qui a été punie, on lui a reproché de ne pas se comporter en demoiselle.

Il avait déjà failli y avoir une bagarre à propos d'Omar il y a quelques mois, et Made fait attention à ne pas dire *à cause* d'Omar. Pas une bagarre où l'on se bat avec les mains mais aussi inquiétante. Un des oncles avait voulu garder le fusil avec lequel Omar avait fait cette guerre qu'ils trouvent grande.

— Ce n'est pas pour te le prendre mais il serait mieux à la maison, tu ne crois pas ? Qu'est-ce que t'en ferais maintenant ?

Tous regardaient l'oncle et Omar pas du tout à la même hauteur, l'oncle ne s'était même pas un peu baissé pour lui parler. Est-ce qu'elle a été la seule à voir le père de Nour serrer les poings ? Et sa fille de se mettre vite devant pour en cacher la menace ; Omar a dit qu'il ne voulait pas déranger, que c'était très bien le fusil où il serait, qu'il ne l'utiliserait plus, hein, c'est sûr, et il avait essayé de rire mais tout avait paru triste, est devenu une gêne. Celle de voir l'oncle garder le fusil.

Selon où le soleil tape on déplace Omar. Son fils interrompt sa tâche pour le soulever, le porter, mais que l'un des oncles passe et il râle, n'hésite pas à répéter que c'est assez de l'avoir à charge l'infirme. Heureusement le père de Made ne laisse pas passer.

— Tu veux dire à charge de prendre soin de lui, c'est ça ?

Oh le sourire d'Omar alors, il a tout suivi, a toute sa tête, et se régale de figues séchées que Made a le droit de lui amener. Elle ne s'habitue pas à ses longues moustaches bien épaisses au-dessus de la lèvre et plus elles tombent, plus elles s'affinent en pointe, lui rappellent les rênes de Coco, le cheval de sa mère, seule Léa peut le monter. Coco est trop vieux, *Trop vieux pour vivre*, ça aussi Made l'a entendu. Léa ne permet pas qu'on l'abatte, elle a vu naître Coco elle était adolescente et il n'y a plus eu d'autre cheval. Elle attendait toute l'année leurs chevauchées et l'été à La Ferme, *Notre temps ensemble*, d'en parler, la voix de son ancienne cavalière change.

À quel âge on sait quoi faire de ce qui vous pèse ?

Made se rend compte que surprendre ce que l'on ne devrait pas encombre, est un risque.

Ces ombres… ont des pieds et des mains, elles se sont aplaties, ont voulu se faire petites, qu'une gamine ne les voie pas et elle pourrait croire qu'elle n'a rien vu si ce n'était le bout de tissu blanc resté accroché à une branche basse. Ce vêtement elle sait qui le porte, ne veut même pas y penser. Tous qui travaillent pour sa famille à l'huilerie ont un burnous marron, tous sauf un. Le père de Nour.

Forcément coupable de ramper.

Elle ne dira rien, ferait du mal.

Et Nour qui n'est pas là.

« La mère qui nous a nourris de sa chair,
la terre maternelle qui nous recevra, sont les corps
qui nous rattachent au non-être,
ou si l'on veut à l'origine ineffable. »

Jean Amrouche, *Chants berbères de Kabylie*

Laure prend les mains de son grand-père entre les siennes, elle passe, repasse son index sur d'infimes brisures. La peau y est devenue transparente d'être à ce point fine, comme si elle avait déjà commencé à s'effacer.

Depuis sa conversation avec Mathilde, plusieurs messes de minuit et autant d'étés se sont succédé. Son grand-père s'en est allé loin dans un monde insondable, privé de parole, de sa mémoire, du moindre geste. Il ne quitte pas de la journée le fauteuil médicalisé que l'on a mis devant la fenêtre, attend les oiseaux. Attendre ? On ne sait ce qui reste de lueur dans cet homme que sa femme, ses enfants, ses petits-enfants chérissent.

Avant qu'il ne parte sur ce territoire où on ne l'atteint pas, il ne parlait déjà plus, semblait ne pas vous reconnaître, vous regardait intensément, cherchant. Il y avait encore une intention, il essayait. Ce que ses gestes parviendraient à dire était si important. Lui, que comprenait-il ? Il tenait alors assis sur une chaise, avait saisi les mains de Laure avec une telle force, des années après elle la ressent. Un grand-père frottant l'annulaire gauche de sa petite-fille d'un geste obstiné, comme s'il en était inquiet, désolé.

— Tu cherches quoi ? C'est moi. La fille de…

Elle n'avait pas été plus loin. Lui, que pensait-il ? *Qui tu es, toi ? Qui tu es pour caresser ma main ?* Il n'avait plus de mot, réclamait elle ne savait quoi en faisant le tour de son doigt vingt, trente fois, de ne rien y trouver une agitation l'avait envahi. Pour finir c'est sa femme qui avait parlé.

— Il cherche ton alliance. Il ne comprend pas de ne pas tomber dessus. C'est ça qu'il veut. Que tu sois mariée.

Et mimant de la main un bof-bof, la grand-mère de Laure avait ajouté,

— Les hommes, ils sont comme ça, moyen-moyen et ils sont tous pareils. Alors si tu en tiens un, tu ne changes pas. À la fin tu retrouverais le même.

Trois ans après, la maladie a effacé jusqu'à ce souhait si vif de son grand-père, que Laure fonde une famille. Aujourd'hui elle est venue lui dire adieu, a l'intuition qu'elle ne le reverra pas vivant, est venue lui dire aussi qu'elle a réservé une place sur le bateau, dans trois jours elle est à Alger.

— Je vais où tes enfants sont nés. Je vais retrouver d'où vous venez, tous. La terre immense où tu t'en vas, ses collines et vos arbres. Est-ce qu'ils en font encore de votre huile ?

Évidemment son grand-père ne répondra pas mais elle veut croire qu'il l'entend.

— Une Kabyle me guidera, elle vit à Alger, la mère d'un ami installé en France, elle a gardé une maison dans la montagne, y est née. Ce ne doit pas être loin d'où tu as grandi, toi.

Laure sent dans son dos sa grand-mère qui passe et repasse dans la pièce, écoutant ce qu'elle préférerait ignorer.

La vérité dans cette histoire est une guimauve, on lui a donné la forme que l'on voulait, que l'on pouvait. Jusqu'à la tordre.

Son grand-père a été ce gosse jouant avec des noyaux d'abricot dans un village du massif des Bibans, rare indication géographique qu'elle a fini par obtenir. Elle ignore ce qui a conduit ses ancêtres à venir vivre dans un massif montagneux en Algérie, par quoi ils sont passés avant de s'y installer. Ce qui l'intéresse, c'est sa mère, née là-bas.

Les réponses qu'elle n'ose demander de peur de blesser, raviver ce qui n'a pas arrêté de faire mal, elle les trouvera sur place.

Dans quel recoin de son cœur son grand-père se tient-il pour s'accrocher ainsi à la vie ? À quelle histoire ? Celle d'un homme qui chantait d'une voix juste, *Colchiques dans les prés fleurissent, fleurissent, colchiques dans les prés, c'est la fin de l'été*, elle le fredonne à son oreille qu'il l'entende encore. Elle n'a pas besoin de se retourner pour savoir que sa grand-mère écoute et, parlant à son grand-père, c'est à elle aussi que Laure s'adresse.

— Je vais chercher la terre où ta fille a appris à marcher. Je ne peux pas faire autrement qu'y aller. J'ai besoin de voir où elle est née, où elle a grandi, un jour j'en ramènerai un olivier.

C'est grand la Kabylie. Trouver leur maison ce serait comme tomber sur une aiguille dans des milliers de bottes de foin.

Ce n'est pas la voix de son grand-père qui lui répond.

— C'est si important pour toi ?

Sa grand-mère hésite… et puis non, elle ne dira rien.

Laure a besoin d'une indication, ne pas partir au hasard, elle a besoin d'alliés. Qui dans cette maison ? Mathilde est à la manœuvre pour que cet homme puisse rester chez lui jusqu'au bout, elle n'a pas une seconde à accorder à ce qu'elle considère être des sornettes.

Reste son oncle, venu accompagner son père dans ses derniers jours.

Laure l'informe de son départ en Kabylie.

Aucune acrimonie dans la réponse de son oncle.

— Il n'y avait pas de différences, Juifs, Arabes, Espagnols, Français, on grandissait ensemble, ce n'était pas un problème. Mais c'est vrai, il ne faut pas idéaliser, je ne voulais pas être de ceux-là.

Ceux-là ? Les moricauds, les crouilles, les troncs-de-figuier, les melons, les bicots, ça il ne le dit pas, il n'est pas raciste, veut juste qu'on ne les confonde pas.

Pied-noir on est du bon côté. Pourtant sur la photo de l'arbre à médaillons son oncle est particulièrement typé. L'œil de Laure va de l'homme juste devant elle, au visage du gamin dans le vaisselier un mètre derrière. Sur ce portrait, il a les cheveux tirebouchonnant et le visage noir de soleil. Les filles, on les a coiffées, apprêtées, cheveux tirés, lissés, quand leur frère n'aura pas voulu de la brillantine ou d'un veston pour l'occasion. Qui est-elle pour juger ? Facile de prétendre qu'il n'y a en elle pas une once de racisme et d'idées préconçues. Elle n'a pas eu à affronter l'arrachement à une terre, un déchirement, et il faut choisir son camp. Contrairement à son oncle ou Mathilde et ses grands-parents, elle n'y a pas été confrontée.

Quelle faille cela creuse en vous ? On ne se rattrape pas à un vide. Après avoir quitté l'Algérie sa mère a encore vécu quinze ans pendant lesquels elle a rencontré le père de Laure, a été une maman, et puis non finalement.

Une petite-fille caresse une dernière fois le dessus de la main de son grand-père, elle l'emmène où il a grandi, le lui assure, et après des années sans autre expression qu'une tension douloureuse, il a un mouvement des lèvres plein d'un baiser inattendu.

*

Une grand-mère et sa petite fille dans la cuisine, la plus âgée s'active au-dessus de l'évier ; après avoir préparé le osbane, la panse du mouton farcie de ses abats pour le couscous, elle travaille la graine, la retravaille, la passe dans un cordage de plus en plus serré, ces tamis ramenés d'Algérie, et la semoule en sort plus légère, aérée, des kilos et des kilos de graine, ce n'est pas un folklore mais le plat préféré des Français. Mouvement circulaire d'une main fouissant jusqu'à obtenir une finesse inégalée, aucun couscous ne rivalisera avec celui de sa grand-mère, elle le roule à même le bois d'olivier, un plat insoulevable emmené avec leurs valises. Qui sait si le grain incrusté dans une rainure sur lequel Laure vient de souffler n'y est depuis… y songeant elle ne veut surtout plus l'en déloger. À quoi pense-t-elle sa grand-mère alors qu'elle égrène le couscous ? Où cela l'emmène ? Maintenant que Laure a commencé de reproduire son geste, elle se dit que préparer un couscous c'est d'abord fouiller ce qui deviendra léger, d'avoir soulevé la graine, l'avoir soupesée, retournée tant et tant, elle en devient unique.

— Il n'y a rien de bon à remuer le passé, tu ne trouveras rien de ce que l'on a connu. C'est fini pour nous là-bas.

Elles sont deux refus qui ne s'affrontent pas mais se mesurent, épuisement de la plus jeune à chercher sa mère dans à peu près tout et elle épuise sa grand-mère en l'obligeant à la suivre sur ce terrain. La plus âgée ne lui donne aucun repère qui l'orienterait, lui dirait, *Tu es arrivée*. Ou même, *Tu chauffes, tu brûles, tu n'es pas loin*, et Laure saurait où elle va.

— Donne-moi juste une indication.

Elle insiste, ne peut pas faire autrement.

Pour sa grand-mère, ce qu'ils ont eu appartient à un pays qui n'est plus la France, il n'y a rien à ajouter. Il y en a eu des drames et cette femme n'a jamais cédé sous cette baffe, l'existence. Sa vaillance, sa petite-fille l'observe depuis l'enfance ; à ses côtés on se sent plus solide, protégé.

Un socle, voilà ce qu'elle est pour eux tous.

Le moteur de la voiture tourne, son oncle l'emmène à la gare, Laure repart bredouille, sans indice pour situer une oliveraie parmi toutes. Dans son sac elle a un morceau de galette encore tiède, le geste ancestral pour la couper en deux du tranchant de la main, elle l'a retrouvé identique dans celui des Touaregs partageant la taguella. Là encore sa grand-mère n'a rien voulu savoir de ses incursions dans le désert algérien.

— Le fils d'une sœur de ton grand-père y faisait son service militaire, il n'a pas eu le temps de revenir, mon neveu a été déchiqueté par une bombe. Ce que tu vas chercher n'existe plus. Et surtout ne dis rien de nous. Ce n'est pas un Kabyle qui les gouverne, fais attention, il n'y a que nos papiers qui les intéressent, pour venir ici.

Que répondre ? Que la Kabylie où Laure n'a jamais mis les pieds lui manque ? L'affirmer, que sa mémoire est d'une même argile que cette terre, même si en retour elle n'obtient que lassitude ou sarcasmes.

Les deux se disent au revoir avec une tendresse qui ne se dément pas et se passe de mot. Sa grand-mère n'a pas de ces derniers baisers pour la route, un énième salut de la main et on devient une silhouette rapetissant dans un rétroviseur, on peut le croire, on se retrouvera ; même si c'est dans longtemps on se retrouvera. La plus âgée déteste la tristesse, lui tient dragée haute, mais cette fois elle accompagne sa petite-fille dans la cour devant la maison, un royaume de cinq mètres carrés de plantes grasses. La menthe, Laure y tient plus qu'à toutes les fleurs. Elle verse haut le thé, l'aérer et il sera digeste, en attend une brûlure et on fourre son nez dedans.

— Alalame.

Laure allait refermer la portière quand elle entend, *Alalame*.

Sans rien en laisser paraître sa grand-mère vient de lui donner la clé pour ouvrir la porte sur un interdit.

Elle lui donne l'arbre manquant.

Alalame, Laure craint tellement de le perdre, ce mot, elle le répète dans sa tête, *Alalame*, *Alalame*, ne doit pas se tromper, le retenir exactement ou il ne servirait à rien.

Son oncle démarre et à peine le portail franchi, elle sort un Post-it, écrit *Alalame*, que ce soit vrai.

Elle sait où elle va.

La terre matrice.

Été 1954

Les deux amies ont franchi un interdit le jour de la naissance du *petit père*. C'est Made qui a entraîné Nour, elle savait où se poster pour tout voir, elle aurait préféré ne pas. Elle va faire comment maintenant pour être une maman ? Devoir laisser sortir son enfant par là… il faudrait ne pas avoir de tête ! Nour est partie avant la fin avec l'air d'avoir vu le diable. Après elles ont fait comme si de rien n'était. Regarder une chose pareille, elles n'allaient pas en plus en parler ! Est-ce que son amie voudra être mère après ça ? Made s'est fixé la fin de l'été comme limite pour lui demander. Elle a essayé de se souvenir de sa naissance, ce que ça fait de déchirer sa mère, sortir par où on ne voudrait surtout pas, récolter au passage plein de saletés. Elle n'a plus mangé avec appétit. La viande c'est impossible, elle aurait l'impression de mordre le bas-ventre de celle qui mordait son poing d'avoir mal en livrant la chose gluante et son vermicelle. Comment peut-on vouloir recommencer ? Et Made grimace à la pensée de… Grand Ma elle aussi ?!

Qu'est-ce que l'on en retient de l'épouvante de notre naissance ? Y a-t-il un seul humain sur toute la planète pour se rappeler la seconde où sa mère l'expulse ? Qui ne voudrait reculer ? Et déjà on nous oblige, c'est la vie qui commence. Est-ce qu'en l'écrivant on peut la changer, la vie ? En y ajoutant de l'incroyable comme dans les contes que Grand Ma lui raconte.

— Ta mère peut paraître revêche mais bébé elle était mon petit monceau de fleurs, je l'avais lu quelque part, trouvais que ça lui allait bien. J'en ai chanté des chants du berceau pour elle, dommage qu'elle ne vous ait pas raconté les contes kabyles à tes sœurs et toi. À cinq ans Léa me réclamait les histoires les plus atroces ! Un père jaloux qui énuclée son fils, ou le foie d'une maman tuée par sa fille et le bout de foie tressaute, il n'en a pas fini de vivre, la suit partout, lui pardonne. Tu ajoutes les frères qui démembrent leurs frères, les sœurs qui mangent leurs sœurs et tout ça sous l'œil attendri de Tseriel l'ogresse ou de Settoute la sorcière ; si on ne les raconte pas nos histoires, plus personne ne les connaîtra. Tu es une bonne écouteuse, Made, assied-toi, *Que mon conte soit beau et se déroule comme un long fil.*

Oui, retenir tout ce qu'elle pourra la petite fille, et elle avait commencé son *cahierlivre*, mélangeant les histoires, changeant les personnages, se lançant. Elle n'a pas assez décrit la beauté de Nour, sa certitude ; Made la regarde, elle voit un festin. Qu'elle n'aurait aucun mal à savourer et sans envie de quitter la table pour une fois. Elle se régale du regard de Nour, deux dattes baignant dans un lait. Son amie se déplace, elle devient l'air autour, paraît être autant une fille qu'un ciel debout, avec un reste d'étoiles filantes au coin des yeux, leur flammèche. Nour, pareille à une source dans la vallée et qui serait aussi la parade du chardonneret faisant le beau devant une femelle canari. Une seule fois elles ont attrapé les deux oiseaux ensemble, les ont gardés une journée en cage pour les libérer à la nuit, elle ne veut pas se libérer de Nour, ne voudrait pas la libérer.

L'été dernier les parents de Made l'ont obligée à aller en France avec ses sœurs, des vacances dans un château prêté à leur paroisse. Elle aurait préféré un château de sable. Elles étaient en métropole et… en colonie, ça faisait rire *les pénibles*. Made a détesté s'éloigner de Nour, elle a tenu jusqu'au retour mais a eu de drôles d'idées pas drôles du tout. Elle a détesté penser que si sa famille mourait, mais tous, La Ferme serait pour elle et son amie, il n'y aurait personne pour l'empêcher.

Il n'y a de réel que sa présence.

*

À la pause de midi les hommes mangent sous le hangar, ils n'ont pas accès au bureau de l'huilerie sauf à y être autorisés. Autorisés à s'écraser.

Être des ombres qui se déplacent et pas avec le soleil.

Un indigène n'entre pas comme ça dans la maison d'un chrétien.

— Il se doit à ses maîtres.

Énième affirmation de l'un des oncles de Made, elle s'insurge.

— Ce n'est pas possible de penser comme ça ! Papa ?! On n'est les maîtres de personne !

Son père aura senti son malaise, la peine, la colère de son enfant.

Sa réponse, il la destinera à elle seule.

— Si, ma fille, tu es maître de toi. Tes actes, tes pensées, c'est beaucoup tu sais.

Son père reprend systématiquement ceux de la famille s'il les surprend à dire, *Les Arabes*. Arabe est une insulte, musulman moins pire.

L'esprit de Made ne la laisse pas tranquille, il lui faut beaucoup de pages.

Papa essaye d'être juste, ce n'est pas assez, il devrait s'opposer plus. Aux oncles ou à maman, elle lui reproche de ne pas tenir assez nos ouvriers. Nos ! Pourquoi j'ai écrit ça ! Je ne veux pas que ce soit les nôtres ! Je veux Nour comme moi-même. Les droits que donne Dieu, je n'en veux pas !

Made aurait préféré ne pas surprendre Dihya et le père de Nour se retrouver en cachette. Pourquoi elle s'est cachée d'eux ce matin ? Elle a d'abord pensé le suivre lui, a finalement opté pour Dihya.

Made est indétectable, elle sait l'ombre profonde, d'explorer le domaine à toute heure lui a appris à se camoufler, surprendre sans se faire prendre.

Le couple n'a pas échangé un mot, aucun sourire ; aussitôt le paquet dissimulé sous la robe de Dihya déposé dans les mains du mari, ils se sont séparés.

Made sent affluer une angoisse qui ne l'a pas quittée depuis les ombres hier à plat ventre qui se sont enfuies à travers les arbres en laissant ce bout de tissu accroché à une branche.

Et maintenant ce paquet remis en douce qui vient de la maison. Il appartient obligatoirement à son père, sa mère ou Grand Ma.

Pourquoi pourquoi j'ai voulu voir ?
Au fond du nombril de Nour
et on n'osera plus recommencer.
On se cache et on se regarde au grand jour.
J'aimerais tellement entrer là.
Je ne suis pas une écervelée, je suis une ensorcelée.
Pourquoi pourquoi les idées se posent derrière mon front et me piquent ? Elles ne sont pas des moustiques,
on ne peut pas les écarter de la main,
elles me dévorent.
À l'intérieur de Nour, je serai du bon côté.
J'ai relevé sa robe, me suis mise à genoux,
j'appuie mon front si fort.
Pourquoi pourquoi le vouloir insensé
qui sort de partout ?
Dans ces pages, c'est ici que je dois vivre.

Étrange comme dès que l'on est inquiet on pense beaucoup plus loin.

Made n'a jamais été complètement à l'aise avec le père de Nour, elle évite de s'en approcher, le dérange, le sent. D'être l'amie de sa fille ?

S'il n'était le mari de Dihya il y a longtemps qu'on lui aurait demandé de partir, elle a entendu ses parents le dire.

Il ne veut pas être nécessairement le soumis et on lui en veut ?

Juste avant les vacances, deux francaouis sont arrivées dans la classe de Made. Il n'y a pas de place pour Nour mais pour elles oui, des idiotes qui n'apprennent rien et ont de bonnes notes, leur mère est la sœur de l'administrateur de la commune mixte de Fort National.

Les nouvelles venues le répètent à l'envi.

— Il décide de tout pour tout le monde, on serait bêtes de ne pas en profiter.

Elles ne sont même pas propres, jamais la mère de Made ne la laisserait partir à l'école avec du noir sous les ongles, c'est encore une autre crasse qu'elles ont dans le cerveau.

Le fameux oncle administrateur achète son huile à La Ferme.

— La plus fameuse de tout le pays, métropole incluse. Vous pouvez me croire, mon ami, vous avez de l'or avec vos arbres.

Son *mon ami* sonne faux, il dit tout le contraire.

— De l'or et une fortune si vous voulez vous pencher dessus.

Ben non ils ne veulent pas. Les *penchés dessus* le sont déjà assez, sauf à mordre la poussière. Mais pourquoi son père a offert à cet homme dix litres de leur huile ? Dix ! Les deux pestes se gondolaient dans leur carrosse, une voiture elle vous fait mal aux yeux tellement elle brille des coups de chiffon donnés par un qui n'y posera jamais une fesse.

Made a entendu son père inviter l'administrateur au baptême du *petit père*, l'autre a répondu, *Bien sûr*, n'est pas venu… bien sûr ; il en aurait eu plein les mirettes, et des youyous à n'en plus finir.

La robe de baptême a servi à toute la fratrie. Un peu passée mais impeccablement repassée. Devant les Anglaises que Léa a tentées sur *le petit père*, Grand Ma y est allée de son commentaire.

— On dirait une fillette. Sa nature de cheveux tu ne la changeras pas. Je peux même te dire que ses boucles de chérubin sont celles d'un Kabyle, tu n'aimes pas l'entendre mais c'est comme ça.

À jour exceptionnel, décision exceptionnelle, congé pour tous à La Ferme. Léa a fait appel à d'autres fatmas pour servir celles qui s'y emploient d'habitude, elle a voulu que ce jour fasse date, marquer les esprits. Avec des tables alignées entre les oliviers, des toiles tendues au-dessus, faire bouclier au soleil, et de l'eau fraîche répandue sous les chaises, qu'une brume humide entoure leurs chevilles, non cette haleine chaude montant du sol autour de midi. L'agneau qui sont plusieurs dégouline de graisse, il croustille dans les bouches, si Made pouvait se boucher le gosier elle le ferait. Les mouches s'abattent sur la toile blanche côté ciel, ils ne les ont pas sur le visage pour une fois. Chrétiens et musulmans chacun sa place, ils ne se mélangeront pas mais leurs tables se touchent. Made et Nour, l'une et l'autre assises à une extrémité et personne ne trouve à y redire.

C'est beau de voir les vieux ronfloter sur leur chaise, on ne débarrasse pas seulement la vaisselle, on déplace les anciens à moitié endormis. Beau d'observer Léa les entourer de gestes délicats, ça donne presque à Made l'envie d'être vieille et sa mère aurait les mêmes attentions pour elle. Cette mère insouciante ne durera pas. Elle ne cherche plus à ordonner, contrôler, vérifier. Léa pouffant comme une gamine, à dire des bêtises pour une fois gentilles et une douceur lui enrobe le cœur.

Made en profite pour changer de siège avec Nour, nul ne moufte, c'est possible alors, Nour à sa place ?

Le soir venu des dizaines de doigts piochent dans des coupes si larges, si remplies, on dirait des vasques. Leur raisin cascade en un dégradé de mauve, de parme et de dorés, une grappe de bonne humeur de quarante personnes, même le père de Nour finit par sourire. *Tout de même il en est capable. Capable d'aimer sa fille*, constate Made.

Ça la ramène à la messe ce matin. Cette fois c'est Dihya qui l'avait mise en garde.

— Je ne laisserai pas Nour t'accompagner dans votre église, son père ne le tolèrerait pas.

Le parrain, la marraine sont systématiquement un oncle ou une tante, et ça ne sort pas de la famille. Pour *le petit père* on a choisi Luc, le plus jeune des oncles. Made aurait préféré que Luc soit son parrain, il y a une bonne raison. Elle observe cet adulte différent des autres arrivé chez eux au début de l'été pour le baptême et… terminer un livre. Elle n'en revient pas qu'il ait osé le dire à voix haute, *J'écris un livre*, comme s'il était sûr d'y arriver. Il étudie la philosophie à Alger. *Du vent*, a tranché Léa.

Quand oncle Luc sort de la pièce où il s'isole avec l'écriture il en a le regard tout changé. Made a fouillé et trouvé. Des pages et des pages, elle n'arrivait plus à s'arrêter de lire, stupéfaite de ce que cela provoquait en elle, puisant dans le tiroir une réserve secrète de poèmes et tant pis si l'oncle la trouvait ; il ne s'était pas mis en colère, oh non, lui en avait donné d'autres à lire et maintenant quand Made le rejoint, il continue d'écrire. *« Poème en kabyle se dit Asefrou. La racine F. R, dans son sens premier, étymologique, veut dire : débrouiller, démêler. Dans un sens second, dérivé, il indique la notion de rendre clair, intelligible. C'est dans ce sens que l'on peut dire en quelque sorte que pour les Kabyles les poètes sont des diseurs d'ineffable. »*

Oncle Luc croit aux mots comme en Dieu, elle l'a entendu l'affirmer à Grand Ma la veille du baptême, et une gamine colle l'hostie à son palais pour la recracher en douce dans sa main. Dieu n'est pas clair, Made l'est à suivre et surveiller les parents de son amie ? Elle va arrêter de les espionner, enfermera à double tour sa curiosité et ce qu'elle n'a pas découvert que Dihya cachait.

Désormais entre les mains du père de Nour.

« Écrire, c'est bien souvent se souvenir de ce qui n'a pas existé. Comment arriverai-je à savoir ce que je ne sais même pas ? Ainsi : comme si je me souvenais. »

Clarice Lispector, *La Découverte du monde*

Est-ce qu'il se rompt, l'exil ? Il la constitue, s'est déposé en Laure et remonte tel un limon.

Exil intérieur.

Sur *El Djazaïr II*, elle fait le trajet dans le sens inverse des siens en 1961. Que s'est-il passé en Kabylie pour qu'ils en partent tous, que pas un n'en parle de ce qui est arrivé ? Et un horizon bouge, il l'entraîne à faire le voyage, rompre l'opacité, ne pas en être exclue, de leur passé.

Elle ne fera pas demi-tour, ne bougera pas du pont du ferry avant d'apercevoir un contour, un rivage. Est-ce qu'il lui ressemblera ? Qu'a-t-elle de ferme, la terre de l'autre côté ? Laure part chercher une mémoire confisquée, elle s'est construite dessus. Ce qu'elle a pu imaginer de l'enfance de sa mère lui souffle qui elle est, tout comme Heathcliff l'orphelin destructeur de *Hurlevent* lui a fait comprendre adolescente son être entier, et elle s'allongeait sur une tombe, y trouvait un repos, le front appuyé contre un ciment. Au caveau familial, elle continue de substituer le souvenir d'une jeune femme qui mangeait avec les doigts des épis de maïs arrachés dans un champ, la voiture pilait, s'arrêtait n'importe où, n'importe comment, et une maman toute folle revenait les bras chargés de maïs. Une maman qui montrait à sa fille comment dévorer directement sur l'épi le maïs ébouillanté, ne pas en laisser un grain, s'en barbouiller les babines de beurre fondu et de sel, il pique les lèvres mais on les lèche quand même et la langue fourmille d'avoir mangé trop chaud. Sa mère redevenue une enfant, une fille s'y rassurait.

Dans cette traversée et au bout il y a Alger, Laure ne cherche pas pourquoi sa mère a cessé de croquer dans des épis de maïs, cessé de s'alimenter « normalement », rare indication donnée et on en a fait une explication. Un dégoût de la nourriture, un goût forcené pour le soleil perdu sont la même aiguille d'une boussole censée l'orienter dans cette terra incognita, une mère morte bien jeune. Voilà pourquoi elles comptent au centuple, ses premières années, il n'y en aura jamais assez pour remplacer la vie sans elle.

Laure n'attend pas du pays mystérieux qu'il lui donne la raison d'un désespoir indépassable, sa mère est née bipolaire et ce démon que l'on est, même avec des seins menus ou un grain de beauté au creux du bras gauche, ne vous lâche pas, s'il faut se débarrasser de soi pour s'en débarrasser, on le fait.

Ce qui lui manque à Laure c'est un début, en Kabylie, ses oliviers. Sans arbre, pas de clairière et de lumière qui tombe à vos pieds.

Ce qu'elle veut, c'est sentir, ressentir, ce qu'a senti, ressenti une petite fille, et elle prend toute la place. Laure a suivi ce qu'elle n'a cessé de se murmurer, *Marche devant, mon enfant, ma mère, je te suis. J'imagine loin.*

*

Elle observe les rides du vent à la surface, celles sur la mer lui en rappellent d'autres sur le sable, se revoit enfant campée sur des gambettes, voulant faire plaisir à une vieille dame et quelque chose s'enclenche.

— Il ne faut rien t'interdire, Laure, qui te paraîtra trop grand, trop vaste, cours ta chance mon enfant, ne t'arrête pas en chemin.

Ses douze ans appliqués répétant après son arrière-grand-mère elle ne sait quelle incantation, le cœur affolé de bien faire, pareil au poitrail d'un rouge-gorge entré où il ne faut pas, une pièce dont on ne peut plus sortir et on se cogne à un ciel.

Elle regarde la nuit dans les yeux, ne baisse pas les siens, au contraire, les yeux tournés vers les étoiles, les attrape une à une ou par grappe, guettant celles qui fileront, Laure aime qu'elles soient mortes depuis longtemps et éclairent tout. À un moment ce qui était lumineux pâlit, l'aube vient. Un trait d'or nuancé de rose d'où le soleil sortira. Et de la mer. Aucun chevreuil ce matin, c'est une autre apparition qu'elle guette. Ses yeux fouillent une brume, fouillent plus loin.

Ces heures sur le pont l'entraînent vers d'autres nuits dans une voiture sur la route des vacances, elle était une enfant. C'était toujours la même destination, le massif des Maures. Son père conduisait sans s'arrêter, il reste cet homme qui défiait la nuit, tenant le volant d'une seule main pour croquer dans son sandwich, piocher des chips et terminer son deuxième œuf dur, ce pique-nique dans la Renault 16 marquait le début du meilleur, il était le signe qu'ils étaient au premier jour des vacances. Sa mère aurait pu être l'enfant de sa fille tant elle était la plus exaltée. S'endormir bercée par le babillage maternel c'était comme devenir le rêve.

C'était un accord qu'elles avaient, sa mère la réveillerait juste avant que la mer ne surgisse ; envoûtement jamais démenti d'une beauté au rendez-vous. La petite Laure l'appelait *Le Trésor Bleu*. De l'avoir entendu de celle qui l'entraînait du côté d'une poésie ? Et quand il surgissait, le bleu s'étalait. Aucun véhicule n'aurait été assez grand pour contenir leurs rires, les cris surexcités de deux gamines, une pour de vrai, une pour de faux. Mère et fille avaient déjà leur maillot de bain sur elles, prêtes au bonheur, vite, ouvrir les carreaux pour qu'il sorte et se propage partout, fasse des petits jusqu'au bout du monde, de *leur* monde ; et on voudrait tant le croire, rien ne l'abîmera.

Ce que Laure attend ce matin qui n'est pas tout à fait le jour et plus vraiment la nuit, ce qu'elle espère, c'est être la première du bateau à voir la terre, il lui semble en deviner un relief, un escarpement des rochers reliés à un littoral. On croit inventer et qu'il n'y a rien, puis c'est là devant nous où l'instant d'avant il n'y avait qu'imagination.

Ce que lui dit la ligne brune d'un rivage ? Qu'il pourrait bien avoir le profil d'un visage aux yeux verts, même si Laure est le jouet d'elle ne sait quel reflet, elle aperçoit dans cette crique au loin un iris ouvert sur un flot de lumière et des années. En continuant de plisser les yeux, elle repère dans la rocaille ce qui pourrait bien être un nez, puis une bouche sortie d'un aplat de roche, le va-et-vient de l'eau dessus lui rappelle des baisers mouillés qu'elle recherchait plus que de raison. L'arrondi d'un menton s'offre tout seul dans l'anse d'une énième crique. Manque un front, un front un peu large même en miniature dans l'arbre à médaillons.

Un dernier fil de brume à la proue pourrait être une mèche échappée, elle frise d'autant dans l'air marin. Le bateau accostera bientôt, les premières habitations viennent remplacer tout qui faisait un visage. Avant d'embarquer Laure se l'est promis, lorsque la terre apparaîtra elle criera le prénom de sa mère, la dire à voix haute celle qui a le plus compté et ça ne veut pas s'arrêter. *Made*.

Cent fois, mille fois, elle est la fille de Made.

À la seconde où Laure pose le pied sur le quai du port d'Alger, elle a l'impression de rejoindre sa mère sur le point d'embarquer et Made a vingt ans.

L'une arrive, l'autre part, même trajet, destination inverse. Laure est là où sa mère a quitté le sol algérien et les bateaux faisaient le plein de familles entières quittant ce qu'elles avaient cru être leur pays, oubliant qu'il avait été envahi. Les siens faisaient partie des passagers voulant partir les premiers, être sûr de monter sur un paquebot. Aujourd'hui encore on les appelle les pieds-noirs, et ils ont été les rapatriés.

À présent, ceux descendus du bateau avec Laure qui sont-ils ? Des Algériens pour la plupart, vivant en France ou en Algérie, devenus français, ou pas. Parmi eux une poignée de Français d'Algérie comme on les appelait jusqu'à l'Indépendance. Le lien qui nous unit même lointainement, souterrainement, à une terre, qu'en faisons-nous ? Une attache ? Une laisse ? Un nœud ? Une planche d'appel ? Tous sur le même bateau.

Elle scrute des visages, les vêtements, observe de volumineux paquets aux pieds des passagers, les sacs Tati dégueulent de denrées, d'un présent qui dit, *Tout va bien, je travaille, je ne vis plus ici mais je suis ici, avec vous. Je peux vous aider. Et je peux repartir. Revenir.*

Sur le bateau Laure a observé ceux qui pourraient être des enfants de pieds-noirs, son bagage à elle tient à un tiret entre deux mots, elle avance sur ce tiret tel un funambule sur sa sangle, trouver un point d'équilibre, sans fléchir, ni tomber.

En abordant Alger par la mer, une fille voit ce que sa mère aura vu pour la dernière fois et confronte des bleus mouvants. S'y est ajouté le Mémorial du Martyr, il domine la baie, soudé au ciel, gigantesque métronome dédié aux combattants pour l'Indépendance, il mesure tout ce qui est conquis, *Et reste à accomplir*, comment ne pas se le formuler ?

Une ville mer, qui prolonge l'autre ? Le ciel comme un drap, les fleurs de bougainvillées dégringolent ou paressent, elles évoquent les motifs d'un tapis que l'on aurait battu, rincé à grande eau et fait sécher, essoré d'un azur. Que le vent s'en mêle, des pétales froissés volent jusqu'à vos lèvres.

Laure vient de débarquer mais elle embarque avec Made, substitue à son ferry un autre bateau, le *Kairouan*. Elle se retourne, ébauche un geste… sa mère a un ruban blanc dans les cheveux.

*

Été 61. Sur le *Kairouan* on trouve posé en vrac aux pieds des passagers déboussolés tout ce que leurs mains auront pu agripper, porter, emmener, et on aura moins laissé une existence derrière soi. Une volière et des oiseaux, leurs pépiements de l'autre côté de la mer, c'est emporter un ciel d'ici et tant pis s'il est en cage, il chantera le même air. L'odeur du jasmin ou du chèvrefeuille ils la feront pousser en France, mais celle du misk al-layl appartient à Alger, parfum radieux d'une obscurité entêtante, ses fleurs ne s'ouvrent que la nuit, une odeur qui ne pourrait grandir ailleurs, elle s'élève en arabesques le long des façades, entre par les fenêtres restées ouvertes, attrape une fraîcheur nocturne, pour la retrouver il faudra revenir. À leurs pieds aussi, la menthe en pot. Déracinée et on va la replanter, elle ne crèvera pas. Dans cette dissolution de l'existence, Léa la fera inlassablement pousser, elle a le goût d'un autre soleil. Aujourd'hui encore ses descendants en prennent soin et on boit son enfance.

Le bateau est encore à quai. Made, ses vingt ans, observe un cordon d'impatients et d'inquiets voulant monter à bord, il y a aussi les indécis, au moment d'embarquer ils font demi-tour. Retrouver quoi ? Une maison que l'on n'a pas jugé bon de fermer parce qu'elle n'est plus chez vous ? On se débarrasse comment d'un passé réduit à ce que nos doigts peuvent agripper ? La carcasse du bateau ne supporterait aucune charge supplémentaire. Ceux qui ont embarqué font foule, sont une masse, est-ce qu'ils font corps ? L'exode est un cyclope avançant à l'aveugle une poutre dans l'œil, mains liées. Aussitôt à bord, les plus jeunes s'assoient sur leur bagage, pas Made, elle reste debout, veut voir le plus loin ce qu'elle quitte qui ne la quittera pas, elle continue de fixer une écume des Algérois dans la rade. À la fin ce n'est pas le bateau mais un quai qui s'éloigne. Les autres passagers ont le nez pointé devant mais Nour est derrière, alors Made regarde où aucun regard ne pourrait voir, elle entre dans le Jardin Marengo, ses oiseaux de feu aux pétales robustes couleur de flamme sortant de plantes grasses racines à l'air, le sol n'est pas assez profond pour autant de sève. Ceux qu'elle refuse de lâcher des yeux ont dans leurs gestes une lenteur, comme elle s'est trompée sa mère d'y voir une inertie et c'était une patience.

Son regard revient sur Grand Ma, un accablement, au milieu de ballots mal ficelés. Léa l'a décrété, ils vont dans le sens de *leur* histoire, ils n'évoqueront plus le passé, une règle des exilés, on n'en parle pas.

Et ce que l'on a perdu aura moins existé.

Made, hostile, reproche aux siens d'avoir suivi le troupeau, il n'y a pas que le bateau qui s'éloigne, elle aussi, d'une famille où elle se sent de trop. Elle s'en extrait, traverse un chaos hébété, un magma humain. En se faufilant elle s'est libérée des entassés, a pu monter sur le pont supérieur, de tenir tête au vent ses lèvres tremblent, la terre n'est qu'un cordon sur le point de disparaître, le bateau semble à peine bouger mais il avance à plein régime, elle en sent les vibrations dans ses joues. Les fesses juchées sur une manche à air, elle pense à tous les soleils qu'elle et Nour ont regardés sans baisser les yeux. Made incitait son amie à ne pas grandir trop vite.

— Qu'ont-ils de plus les adultes à part d'être vieux ?

Sept ans qu'elle a quitté La Ferme… sept ans. Si l'on pouvait courir sur la mer, elle s'enfuirait, ne bougerait plus de ce matin de l'été 54 et deux amies n'arriveraient pas au bout de la journée, empêcher le pire. Il faudra bien l'affronter ce jour où tout a changé et on n'en parle jamais.

Elle revient se coller à leurs valises, si Made s'éloigne trop elle pense à l'envers, pense à Omar le grand-père de Nour. Qu'est-il devenu ? Qu'a-t-on fait de lui ? A-t-il continué de s'allonger sous les figuiers quand ils perdent leurs feuilles et elles avaient un point de chute, Omar. L'été il réclamait qu'on le pose non contre un tronc mais sous des branches qui se dénudent ; qu'un vent se lève, Made et Nour le rejoignaient, elles dévoraient les fruits à même l'arbre, il fallait passer avant les insectes et les oiseaux, ou les paniers bientôt remplis à ras bord. Couchées sur le sol les filles, au royaume des feuilles. Omar, les yeux plantés dans un ciel cobalt. Que lui disait-il le figuier dépossédé de sa beauté et ressemblant à un squelette sans ses feuilles ? De nouvelles pousseraient enroulées sur elles-mêmes, devançant des embryons de fruit et il continuerait sa vie d'arbre. Quand on n'a plus personne et que l'on n'a plus de jambes, on n'est personne ? Il y a longtemps qu'elle n'avait pensé au vieil homme.

Son fusil, entre quelles mains est-il aujourd'hui ?

Elle n'est bonne à rien sans Nour et ça fait mal. Elle se force mais ce qu'elle avait de meilleur est resté à La Ferme, n'a pas suivi. On lui reproche de ne pas faire d'effort, mais comment on fait quand on ne peut plus rêver et que l'on est encore au début de sa vie ? Elle se force, a l'habitude maintenant de tricher avec la nourriture. Tous sur ce bateau ont autant transpiré que ce sandwich préparé par Léa, son esprit pratique, et Made mâche ce qu'il reste d'une saveur qui a eu chaud. Dans quelques heures ils grelotteront, une humidité de la nuit leur tombera sur la nuque. Tous, sauf les plus jeunes, s'enrouleront dans une couverture de souvenirs. Les bébés tèteront gloutonnement une nacre de poitrines tendues, pâles de n'avoir jamais connu le soleil. Un couple d'octogénaires se berce sous ses yeux, coupés d'un sépulcre plein des leurs, on laisse ses morts, on laisse la terre où ils continuaient d'exister quelque part sous nos yeux.

Un des marins marmonne.

— Une mer immobile, c'est une mer dangereuse, on ne sait ce qu'elle prépare. Qu'est-ce qu'on va en faire de tous ceux-là ?

Tous ceux-là, le million de pieds-noirs partis d'abord de France, d'Espagne, de Malte, et les Alsaciens. Des ouvriers, des paysans risquant leur chance, des pauvres souvent, voulant changer le sort, atteindre une terre promise on la leur donnait ; une colonie de peuplement.

Cent trente ans après, les Français d'Algérie ne sont pas franchement les bienvenus en métropole et devront recommencer ; leur vie dans des valises, ou des cartons défoncés contiennent tant qui les poursuivra.

Pour Léa, sa famille est du bon côté, le seul qui vaille. Elle est prête à un aller sans retour, ils sont des chrétiens, parviendront à éviter la suspicion, le rejet, il s'agit de vivre.

Été 1954

Les filles jouent à Alchérie, elles inventent sans limite et ne font qu'une. Nour est la tête, Made imagine être sa parure, une chevelure insensée qu'elle ferait pousser à volonté, ce flot hardi descendrait jusqu'à devoir soulever ses cheveux ou on marcherait dessus.

— Nour, ne secoue pas tant la tête, laisse-moi encore un peu en profiter.

— Ça me gratouille le nez, tu ne pourrais pas enlever la mèche devant mes yeux ?

L'extraordinaire, c'est Nour qui imagine aussi loin que son amie.

— Pourquoi tu ris, Made ?

— Tout ce qui me passe par… ta tête.

— On la fait courir ?

— D'accord. On s'élance ou on se lance ?

Made ne veut pas arrêter le jeu, Nour si, après leur course.

— J'ai trop chaud là-dessous, tu parles d'une crinière.

— Je peux souffler sur ton visage si tu veux.

— Et après on sort d'Alchérie.

— Déjà ?

— On y retournera.

Un homme habillé à l'européenne qu'elles n'ont jamais vu marche vers elles. Les filles pensaient qu'il venait pour l'huile mais il a bifurqué dans leur direction.

— On va se faire passer l'une pour l'autre, chuchote Made.

Ce n'est pas gagné, Nour est vraiment bizarrement coiffée, pas à cause d'Alchérie mais de Dihya qui a voulu débarrasser sa fille de démangeaisons et lui a tondu à moitié le crâne. Quant à Made elle est tellement échevelée après cette course, c'est elle la sauvageonne.

Elles vont jouer encore, préparent un sourire, se retiennent de rire, ont un *Bonjour* d'une même voix, qui attend, est prudente, s'ajustera.

— Je vous ai vues de loin, je ne sais pas ce que vous trafiqu…

— On ne trafique rien.

C'est Nour qui vient de parler, Made en est stupéfaite. Elle va devoir laisser son amie prendre sa place et faire comme elle ferait.

Nour, l'air de rien, l'air de tout.

— Une de vous deux doit être ma petite-fille.

Stupeur de Made – la vraie –, bref coup d'œil à Nour, on ne moufte pas, on laisse le bonhomme se dépatouiller, et on l'embrouille.

— Vous avez perdu votre langue ? Si j'en crois votre âge… Qui est Madeleine ? Qui est ma nièce ?

Les deux, bouche bée. La réalité dépasse Alchérie en invention. Qu'elle soit incroyable ne signifie pas qu'elle est fabuleuse.

Made baisse la tête pour s'empêcher de questionner, obliger son amie à le faire.

— Et… vous… vous êtes qui ?

Ce que c'est pour Nour d'interroger un adulte, se préparer à lui mentir, le tromper.

— Alors c'est toi Madeleine, j'aurais parié pour l'autre, tu as une drôle de coiffure, dis donc. Quelle bête t'a grignoté le crâne ? Ah elle doit être contente ta mère.

Et il rigole, le rire le transforme en gentil, les deux amies décident que c'est sans risque, elles ne vont pas être déçues.

— Je suis venu voir mon petit-fils.

Et il se tourne vers Nour.

— Tu as bien un petit frère qui est né, on m'a rapporté aussi que tu écris de drôles de raisonnements en classe, la Sœur n'était pas contente. Tu sais que je suis instituteur.

Était, se retient de crier Made, ses deux grands-pères sont morts !

C'est Nour qui répond.

— Je ne sais pas qui vous êtes.

— Le père de ta mère.

Made ne peut s'empêcher de faire non de la tête, ce n'est pas si amusant finalement de ne pas être qui on est, elle doit se taire, mais elle a cent questions.

Ils approchent de l'huilerie, les trois jugent plus prudent de ne pas ajouter un mot, Nour se détend comme elle peut, avoir Léa comme mère même pour de faux n'est pas fait pour la rassurer !

Le Gros Malin déboule, dressé à attaquer et arrêter tout inconnu qui s'approcherait trop près des enfants. Quand il vous saute dessus, mieux vaut être son copain et… ces deux-là le sont. Le maître et son chien, ce qu'elle a sous les yeux, Made.

Nour – la vraie – se tient à distance des chiens d'habitude, un chacal lui paraît moins dangereux, il faut être propriétaire de beaucoup de terre pour vouloir un chien, avoir quelque chose à se faire voler, il faut ne pas être traité comme un chien. Elle interrompt le jeu qui n'en est plus un.

— C'est moi Nour.

— Hum… m'étonne pas. Le Gros Malin venait de me le signaler, j'ai vu l'écart que tu as fait. Toi tu es Madeleine alors.

— Made.

— Si tu veux.

Il s'adresse à Nour.

— Tu ne serais pas la fille de Dihya ?

— Comment vous connaissez ma mère ?

Pour la première fois il hésite, reculerait s'ils n'étaient sur le point d'entrer dans la cour, Made aperçoit son père, ses oncles et les ouvriers qui les observent, tous ils savent. Quoi ?

— Vous êtes jeunes encore mais bon… il faudra bien que vous l'appreniez. Maintenant que je suis là… Tu peux me croire, Made ou Madeleine, je suis ton grand-père. Ta mère n'était pas une enfant facile mais elle est une sacrée femme, et si tu peux avoir un peu de sa bravoure tant mieux, cependant quelle mule c'est ! Quant à toi... Nour c'est ça ? Tu es ma nièce, la sœur de Dihya est... ma femme, la deuxième.

Dans le *cahierlivre* ce soir Made écrira.

Il a dit la deuxième, pas la seconde, il est instituteur, il connaît la différence. Seconde, il n'y en aurait pas de troisième, alors que deuxième...

Comment le décrire, l'air furibard de Léa surgissant de la maison.

— Tu fous le camp d'ici. Immédiatement !

Enragée, une guerrière et celui qu'elle combat n'est autre que son père. Qui ne recule pas, mais n'avance pas. Made ne sait où se mettre. Entre les deux ? À l'écart ? Rejoindre Nour aux côtés de Dihya ? Un mort débarque et il est indiscutablement vivant. Personne n'a l'air surpris, c'est ça qui est sidérant. Le père de Made approche hâtivement, pas pour protéger sa femme mais son beau-père de la fureur d'une qui ne desserrera plus les dents, un écœurement parle pour elle.

Made constate que *le petit père* n'est ni dans les bras de sa mère ni dans ceux de sa grand-mère, elles ont trouvé comment faire mal. En lui refusant d'être ce grand-père qui ne se déplace que pour un garçon.

Le soleil tape mais personne dans la cour ne pense à s'en protéger.

Le père bigame, Léa lui a réglé son compte il y a quinze ans en obtenant de Grand Ma qu'elle accepte d'être une veuve et on n'y reviendrait pas.

Il ne méritait pas mieux. Made n'a jamais été dans le village où sa mère est née, elle comprend pourquoi.

— Je suis venu voir mon petit-fils, c'est mon droit.

— Quel droit ?

Elle reconnaît la voix de Grand Ma. La question a fusé de derrière Léa.

— Ah tu es là toi.

Made n'aime pas du tout comment il s'adresse à sa grand-mère.

Léa refuse d'en entendre davantage, claque la porte derrière elle, Le Gros Malin se met à gronder. Après qui ? Pas après Grand Ma.

— Personne ne veut de toi ici, va-t'en, cela vaut mieux. Tu ne verras pas le petit.

— Ce chien quand il était encore un chiot, on l'aurait supprimé si je ne m'étais interposé.

À qui il parle ? À sa fille retournée dans la maison ? À sa femme, la première ? À sa petite-fille ou à sa nièce ? Au beau-fils – le père de Made ? La belle-sœur – la mère de Nour ? Pas au *petit père*.

Le départ de Léa agit comme un signal, les dos se tournent et le banni baisse la tête. Est-ce que sa voix tremblerait s'il parlait encore ? Le Gros Malin, finirait-il par le mordre ? Curiosité de petite fille.

La seule à vouloir y répondre est Grand Ma mais il a fallu attendre qu'elles soient uniquement toutes les deux.

— J'aime parler d'Oskar, je n'aime pas parler de… ton grand-père. On va l'appeler *Il,* tu veux bien ? Donne-moi un peu ta main, elle est encore si douce à l'intérieur. *Il* n'a pas fait que du mal, il a fait ta mère qui t'a faite toi, alors je vais essayer d'être juste. Si je lui en veux c'est surtout d'être la cause, même sans le vouloir, de ma séparation avec Oskar. *Il* m'a volé ma vie et tout ça pour… Ça ne se voit pas mais j'ai été jeune et… peu importe… tout ça disparaît bien vite. *Il* a fait sa demande à mon père et le comble, c'est en voyant une photo de moi prise par Oskar qu'il s'est décidé. Il m'a acceptée sans dot, j'étais enviée, tu penses… un instituteur, enseignant le français, un instruit et un fonctionnaire, protégé de l'État.

Et Made de penser que sa mère n'a pas menti sur tout, elle n'a gardé que ce qui l'arrangeait.

— Il avait du bien, on m'a vanté ses mérites, j'y ai cru, je n'arrivais même pas après une autre femme, un chrétien qui n'aurait qu'une seule épouse, moi. Ça m'a aidée à ne pas le rejeter complètement, à ne pas lui reprocher de ne pas être Oskar. J'ai été gracieuse avec mon mari, j'ai été la femme vite enceinte que l'on espère. D'abord ta mère et trois garçons ensuite. On ne voit pas souvent tes oncles, un fils ne juge pas son père.

Ce n'est pas qu'on ne les voit pas souvent les trois oncles, on ne les voit jamais. Tout comme la sœur de Dihya.

À La Ferme on a pris le parti de Grand Ma mais au village, Made le devine, ils tiennent pour le grand-père, il a fait les cadeaux nécessaires, s'est allié l'amin qui préside la djemâa, l'a obtenu son deuxième mariage.

Grand Ma ne lui cache rien.

— C'est tombé sur la grande sœur de Dihya, une femme vaut parfois plus qu'une bête. Pas mieux, plus. Elle vaut un terrain et s'il n'est pas trop en pente, a des arbres, l'affaire est conclue. Heureusement ma fille m'a accueillie. Retiens ce que je vais te dire, ma petite Made, ta mère a sauvé mon existence.

Dans quelques années sur le *Kairouan*, la famille sera au complet, sans le grand-père éjecté à vie. Il suivra un chemin à rebours des siens, sera le dernier à rester en Algérie et après des années, doublement veuf, il finira par traverser la Méditerranée sans autre attache qu'une aînée, mais elle l'a décidée, elle n'a plus de père.

Léa, sa pratique de la terre brûlée.

« Il faut se mettre à la place de chacun.
Tout comprendre, c'est tout pardonner. »

Léon Tolstoï, *La Guerre et la Paix*

Ouardia. Et pour bien le prononcer Laure répète plusieurs fois le prénom de celle qui l'aidera à trouver La Ferme. Ouardia vit à Alger mais elle est née en Kabylie, y retourne régulièrement. Elle l'accompagnera jusqu'à *Alalame*, ce qui s'en rapprochera le plus.

Deux de ses enfants attendaient Laure à la sortie du bateau, elle a laissé son bagage à l'un des frères de l'ami kabyle installé en France et suit Assia. La plus jeune de la fratrie a proposé d'aller à pied jusqu'à leur maison en haut de la casbah, Laure ne pouvait espérer meilleur début.

Assia a d'abord vérifié comment elle était chaussée, elle a dû estimer que des espadrilles conviendraient aux ruelles escarpées, leurs pavés, un entrelacs qui monte à pic. Assia est bavarde, chaleureuse, elle pourrait être une amie d'école que l'on retrouve et elle n'a pas changé mais est devenue une femme. Une Kabyle habillée à l'européenne, sa bouche brille de paillettes d'un gloss dès qu'un soleil s'y pose, elle a un fard sur les paupières, un vert clair, semblable à son iris piqué d'or. Les cheveux mi-longs et la fille de Made reconnaît les siens, même reflets auburn sur les pointes qui n'iront pas plus loin que leurs épaules, d'y frotter, la boucle s'use, fragile à ne pas être lisse.

Assia aura noté son regard.

— Même un simple foulard je ne le porterai pas. Ma mère ne m'y a pas obligée, qui le ferait ? Les voilées de pied en cap, on les appelle *la ville d'Alger*, tu le savais ? Parce qu'à balayer le sol leur vêtement ramasse toute la poussière, femmes de ménage d'une ville entière et elles ne nettoient rien.

Assia est biologiste. Était. Botaniste au Jardin d'Essai, interdite de travailler pendant les années noires, refusant de plier.

— Ici quand on veut t'enlever ton courage on appelle ça la hogra, et ce que tu pouvais faire de meilleur, on le sabote.

La fille de Made se tait, elle ne posera pas de questions, les réponses sont là dans l'écoute. Ce qui touche au gouvernement et aux islamistes, Assia s'arrête au bord. Invasion, terrorisme, corruption, elle avait un antidote, ses arbres.

— Je m'occupais des dragonniers, ma spécialité. Je pouvais quelque chose pour eux et tout s'est arrêté. Une allée de dragonniers, si tu voyais leur splendeur, un enchevêtrement, une voûte végétale, chaque branche était à sa place, tu te sens calme quand tu es dessous, tu les remercies. Il leur faut de l'humidité, leur sève quand elle perce l'écorce est si rouge, c'est un sang. Avec moi ils ne seraient pas blessés. Je n'arrive plus à y aller, si je constatais que l'on s'en occupe mal je serais trop en colère. La majesté du Jardin elle rejaillit sur toi, il descend jusqu'à la mer, plein d'essences du monde entier, c'est le poumon d'Alger, notre Central Park.

Elles parlent en marchant, la lumière perce mais ne s'installe pas. Les murs souvent rapprochés délimitent l'espace et sont quadrillés de branches de figuiers que l'on croirait poussés de la chaux et elle s'écaille. Des murs près d'imploser sous la force des racines qui les travaillent. Les pavés glissent de saleté, le cordage des espadrilles la protège tout juste des pelures de fruits, de légumes, une quantité de sacs plastique, on dirait une bâche volante se déplaçant au vent léger. À quel moment juge-t-on qu'il y a trop de sacs pour les ramasser ? Les jeter, mais où les mettre ? Aucune poubelle. D'un mètre à l'autre, l'odeur suave devient âcre, poisseuse et doucereuse, entêtante. Dans la ruelle précédente, les effluves de pourriture l'emportaient nettement sur celles des jasmins entrelacés aux branches des figuiers perçant les murs. Comment ces arbres trouvent-ils l'eau ? Où puisent-ils de ne pas périr ? Les grappes pâles, lourdes de fleurs, sont une veine, un sang blanc sur le quadrillage des écorces.

Ne pouvant travailler pendant les années noires, Assia a repris les études.

— Je n'allais pas me mettre à boire de la bière à la maison en cachette de mes frères. J'étais privée de mes arbres, ils étaient ma vie manquée. Et ma mère… elle n'a pas eu besoin de dire un mot, juste son regard sur moi, si déçu, si peiné ; pas pour elle, pour sa fille. Alors j'ai bûché, j'ai recommencé.

On me punissait d'être une femme ? J'allais montrer qu'on pouvait avoir besoin de moi. Médecin aurait été trop long. Biologiste, même si je serai toujours botaniste. Je me penche sur mes éprouvettes comme sur mes dragonniers, avec autant d'attention, de précision, tellement concentrée, je m'échappe. C'est comme ça qu'on s'en sort. Et toi ?

Laure effleure la main d'Assia, se retient de serrer fort, que pourrait-elle donner que cette jeune femme lui donne ? Laure est née au bon endroit, dans le bon pays. Tout le reste est tellement plus simple que ce que vivra Assia. Made et les siens ont trouvé un port à leur arrivée et cela change tout. Tant d'exilés. Prêts à se noyer pour ne pas en mourir de leur avenir, où survivre n'est plus une éventualité et il faut fuir. Des familles que l'on regarde couler. Les femmes violées, surviolées, les enfants esclaves, les pères démembrés qu'ils restent chez eux, y retournent voir. Ils n'ont plus de force et ils sombrent, mais ils voulaient vivre. Personne ne choisit où il naît. Laure s'arrange avec l'indignité, la sienne, de ne rien faire. L'a-t-on eue un jour cette humanité qui nous fait défaut ? Les tolèrerait-on aujourd'hui, les pieds-noirs, les agités, les encombrants ? Les *autres*. On n'en veut pas. C'est oublier que l'on est eux.

Elle est infinie la palette des apatrides.

Léa ne voulait que cela, détourner le malheur, s'en extraire, sans se retourner. Les années qui ont suivi, une tension indiscernable ne l'aura plus quittée, et une petite-fille le mesure enfin, sa grand-mère se bat chaque jour avec le passé, elle sait ce qui est irrattrapable.

Laure échafaude en pensée des cadeaux pour Assia, une venue en France, même brève. Elle ne connaît rien à la botanique et à la biologie, n'y a aucun contact, n'a même pas un frère à lui présenter et elles seraient une famille. Alors quoi ? Il faudra ne pas l'oublier. Être là dans vingt ans si elle peut quelque chose pour cette femme. Assia vient de lui demander à quoi elle se consacre, d'habitude sa réponse la fait rire, pas aujourd'hui.

— Je suis nègre.

Écrire sur instructions, pondre sur commande, profiter du halo d'un autre et s'en remplir les poches. Pouvoir décider de son temps, de ses déplacements, vivre suffisamment tranquille et loin des villes, elle n'est pas si à l'aise d'expliquer ce qu'elle fait ou plutôt… n'a pas fait.

— J'écris à la demande, cela évite les doutes ou le découragement. Il n'y a pas de jugement, en tout cas pas essentiel ou qui ferait mal. Tu es la voix, l'histoire d'un autre, à son service. Je me substitue à celui que je dois mettre en lumière, je ne m'expose pas, ce n'est que du travail. On ne se dévoile pas, c'est celui ou celle que l'on écrit qui suscitera envie ou désintérêt. Si le livre ne marche pas on considérera qu'il ou elle était un mauvais cheval, si c'est un succès j'y aurai contribué.

— Et tout ce temps, tu le donnes à quelqu'un qui t'est étranger ?

— Je le vends.

— En restant anonyme.

— Exactement. La femme invisible.

Elle préfèrerait parler de ses oliviers, mais les six ne font pas le poids face à ce que vient de lui confier Assia. Le frère en France et ami de Laure le lui a bien dit, *Ma petite sœur est beaucoup plus forte que moi, surtout elle est plus courageuse.*

Où qu'elle pose les yeux, Laure observe un délabrement, des façades à moitié écroulées.

— Quand ce n'est pas la maison entière, regrette Assia. On nous oublie mais nous les gravats on ne les oublie pas. Il peut se passer des années sans que personne ne les enlève et on les a sous le nez, ils nous disent que l'on ne vaut rien, pas même d'être ramassés. Avec mes frères, mes sœurs, les beaux-frères, les belles-sœurs, on a déblayé une maison tombée juste devant la nôtre ou elle aurait été la prochaine décharge sauvage, on devait l'empêcher.

Au moins la casbah échappe au formatage pour touristes, le kit tout nouveau tout beau sur de l'ancien qu'on vous vend et le souk qui va avec.

Laure ressent une émotion à marcher là sans être une intruse, pouvoir le croire une seconde. Elle ne s'attendait pas à autant d'animaux, quantité d'ânes, paniers surchargés, font office de ramasseurs poubelles.

— Ou de livreurs, précise Assia, d'épiciers ambulants.

Aux ânes, s'ajoutent des coqs, les biquettes, le tout pénètre dans les maisons par la porte d'entrée. Elles s'ouvrent toutes seules on dirait, se referment, mais derrière il y a des humains, ils vous voient et on ne les voit pas.

Une fraîcheur bienvenue succède à la fournaise sur le quai, elle arrive à contenir l'odeur de faisandé après une nouvelle volée de marches trop larges pour les monter une à une. Il y a un endroit qu'elle veut voir, pour son nom, *Le cimetière des princesses.* Deux sœurs, éprises d'un même, un janissaire, cela ne pouvait que mal se terminer. Une légende du temps de la régence ottomane que l'on est parvenu à tenir pour vraie à force de vouloir y croire. Assia connaît le lieu, elles s'y arrêteront.

— Même si, prévient-elle, il a été saccagé. Les intégristes ont détruit les tombes et le figuier millénaire, ce sont des…

Elle s'arrête, prudente, poursuit plus bas.

— Mon père a risqué sa vie pour une guerre qui ne disait pas son nom et moi sa fille j'ai grandi enfermée mais il ne fallait pas parler de guerre civile. C'est mon pays.

Le cimetière est une petite cour où des enfants jouent sans parler comme s'ils voulaient imposer une innocence, même en se taisant.

Une lumière définitive, elle paraît ne pas avoir bougé depuis les frères Barberousse, Laure passe son index sur la nervure d'une feuille de figuier attachée à un rejet repoussé tant bien que mal d'un tronçon resté au sol, le moignon d'un arbre légendaire, des branches comme des troncs.

Assia le décrit comme si elle l'avait encore sous les yeux et Laure y greffe deux princesses.

Ce que l'arbre a vu, elle le voit.

— Pourquoi tu es là, Laure ?

Répondre qu'elle est là pour ce calme qui l'a saisie dès l'instant où elle a posé le pied à Alger ? La certitude d'un voyage qui l'emmènera bien plus loin que les kilomètres qu'elle fera ?

Assia comprend beaucoup, Laure se sent proche de cette jeune femme, bien plus que de certains Français qui ont finalement fui cette Algérie qu'ils ont tant aimée et où ils n'auront été que de passage. Assia réveille en elle une pensée déjà venue au cours de ses marches dans le désert, être descendante de pied-noir est une case d'entrée qui la gêne dans ce pays, impression persistante qu'elle évacue vite.

Sa nouvelle amie l'entraîne vers une des plus anciennes maisons de la casbah encore debout, une de ses professeurs y a grandi, une enfilade de pièces au raffinement tangible, tissus, coussins, marqueterie, et l'ivoire, la nacre, ses reflets roses et bleutés ciselés dans le bois. Laure est aux aguets de fantômes qui vivraient entre ces murs, s'y déplaceraient au ralenti, et ose à peine respirer un air retenu là.

On leur offre un thé fort sucré, fort d'une saveur identique à celle qu'elle savoure depuis l'enfance, et tout revient qui infuse. Elles le boivent sur la terrasse et, bien plus que la mer ou un ciel, Laure embrasse la vue que Made aura eue sous les yeux.

*

Ouardia a l'œil perçant de celles qui en ont beaucoup vu. Ouardia aussi croyante que Léa.

La musulmane et la chrétienne.

Leurs paumes polies d'avoir tant pétri, douces de l'huile d'olive, une seconde peau. L'âge venu, les doigts partent dans tous les sens, articulations usées, on leur a accordé si peu de repos. Les rares fois où ces deux-là se seront assises sans tâche à accomplir, ni avoir les mains occupées, elles les auront tenues pareillement sur leurs genoux. Laure observe les lèvres plates et une pulpe dedans, reconnaît celles de son grand-père et de Mathilde, de Made dans son médaillon. En Kabylie grâce à Ouardia, elle ne sera pas seulement une Française aux yeux des Algériens qu'ils croiseront, ni le fruit d'une incurable nostalgie des pieds-noirs.

Chaque fenêtre du salon est un tableau d'un carré d'azur, comme si le ciel dans sa chute avait parié sur la mer qui elle a parié sur une ville-colline percée de fleurs. Le blanc est une couleur, d'être bariolé il est encore plus éclatant, opulence de la lumière, et elle coule bleu sur son or.

Ouardia régale la française de *rechta*. Des fleurs de jasmin tombent dans leurs assiettes après avoir ramassé le ciel au passage, la neige ici a un parfum. Laure soulève discrètement les flocons de fleurs sur la table, les rassemble en une infime colline à côté de son assiette et tant pis si on l'observe, elle y entre la main, soupèse une beauté, elle sera fanée avant demain mais aura existé, ne la quittera pas.

Cet instant où une neige était chaude sous ses doigts.

Demain l'aîné de Ouardia les conduit en Kabylie mais ce soir Laure dort à Alger, on a libéré une chambre pour elle, le parfum d'un chèvrefeuille en plus suave entre par la fenêtre, la façade en est recouverte et les murs d'une ville, Misk al-layl, son nom, le musc de la nuit.

*

La femme qui l'accueille a eu quinze enfants. Deux n'ont pas survécu. Leur père est mort en exil, combattant pour la France pendant la Seconde Guerre mondiale puis aux côtés des indépendantistes, il a ouvert ensuite un café place des Martyrs, a été forcé de le fermer par ceux-là mêmes qu'il avait soutenus. Suspect de faire commerce d'alcool, trop de chicanes, de tracasseries l'ont finalement poussé à partir en France, il est mort loin des siens dans une carcasse de solitude. Treize enfants, les derniers il ne les a pas vus grandir, il fallait les nourrir, tenter sa chance ailleurs, sans pouvoir rouvrir une affaire à lui, ni même travailler dans un café. L'usine, l'usure.

— Mes enfants peuvent être fiers de leur père. Il avait son honneur et a été chassé de son pays. C'était beaucoup de sa vie son bar, il ne l'a pas accepté.

Cet homme, Ouardia l'évoque avec une tendresse pudique et quel respect. Respect qu'elle inspire immédiatement. Quant à la tendresse des siens, on peut la doubler d'une ferveur, ils sont nombreux à vivre sous son toit. Elle parle uniquement kabyle. Quand ce n'est pas Assia, il y a toujours une autre des filles ou une belle-fille pour traduire à la Française ce que dit Ouardia. Tous l'appellent Yemma, ma mère. Les enfants, les petits-enfants, les gendres, pour chacun elle est Yemma. La bouche fardée dès le réveil à mâcher matin et soir une écorce de noisetier, un dentifrice naturel, il assainit les dents, colorie la bouche, lui dessine un contour fauve que Laure adopte. Ouardia a omis de l'informer du goût excessivement amer du bâtonnet, retour à la brosse à dents. À son arrivée hier, deux des petites-filles de Ouardia appliquaient un henné sur leurs phalanges, sur leurs ongles des mains et ceux de leur grand-mère.

— Dès les premiers mois les filles ont les pieds et les mains teintés de henné, lui a indiqué Assia. Une fois adultes, à elles de le conserver, ne pas le laisser s'effacer.

Ce matin Ouardia propose de le poser elle-même dans la paume de la Française, sa fille traduit.

— Tu seras une femme et demie.

Quel carambolage dans la mémoire de Laure, elle croyait avoir oublié, n'y avait pas pensé depuis… depuis ses douze ans quand elle écoutait son arrière-grand-mère, « Tu sais, ma petite Laure, ce que l'on m'aura dit de plus beau ne vient pas d'Oskar mon amoureux du désert mais d'une femme, Dihya elle s'appelait. Elle a regardé mes photos, a décrété que j'étais une femme et demie. Personne ne m'aura fait plus plaisir en me parlant de mon travail. »

Alors qu'elle tend sa main à Ouardia pour y appliquer un henné, Laure a l'impression de ne jamais avoir lâché celle de son arrière-grand-mère.

La Kabyle appuie sur une pâte au creux de la paume de la Française, l'emmaillote dans un tissu serré, que le henné prenne sur une peau habituellement rétive à tout tatouage.

Assia suit l'opération, elle a donné à l'emplâtre sa forme ronde.

— Il y a longtemps que je n'ai pas renouvelé le mien et tu vois, ma mère ne m'en tient pas rigueur. Il faut le laisser poser plusieurs heures, le rouge en devient presque noir, il pâlira, beaucoup qui en sont marquées depuis l'enfance ne peuvent plus s'en passer, tu décideras si tu veux le refaire ou non.

C'est tout décidé, Laure sait qu'elle ne le renouvellera pas, ne sait pas qu'une fois en France elle ne regardera plus de la même façon le henné sur la peau et les ongles des femmes qu'elle croisera, s'en sentant plus proche mais secrètement ; le temps de le penser en aura une pointe d'envie, le souhaitera le sceau primitif, et de ne pas en être marquée. Elle se rappellera les deux cents kilomètres jusqu'à la maison de Ouardia au pied de la montagne, et son regard allait du paysage au bandage, ce qu'il recouvrait, se rappellera avoir observé le henné disparaître dans sa main après son retour, jusqu'à devenir imperceptible, mais avant elle lui aura chuchoté, *Au revoir Assia qui donne envie d'être ton amie.*

L'entrée de la Kabylie est jalonnée de nids de cigognes perchés sur les poteaux électriques, de nids-de-poule aussi, ils font mal aux fesses et aux amortisseurs. La mère et le fils ne parlent guère, ce qui convient très bien à leur passagère, à l'arrière. Ils se dirigent vers le village où Ouardia a donné naissance à ses premiers enfants. Choisie à treize ans, emmenée sur un cheval, mariée sans avoir croisé celui qu'on lui destinait. Un premier fils n'avait pas survécu, il avait fallu des années avant la deuxième naissance, davantage encore pour que vienne enfin un autre fils. L'obsession du garçon. L'honneur d'un père, bien souvent la grâce d'une mère. Tout ça pour un petit bout de chair de la taille d'un demi-auriculaire au moment où il apparaît.

Ouardia, des années à la merci d'une belle-mère, soumise aux vexations jusqu'à ce que son ventre délivre enfin ce que l'on attendait d'elle, un mâle qui vivrait, et elle n'avait pas été cumulée à une autre épouse. Reconnaissante envers l'homme qui l'a emmenée un matin, l'a assise sur un drôle de fauteuil et sans prévenir lui a fait arracher l'incisive droite pour la remplacer par une dent en or, son cadeau de mariage, Ouardia en rit encore quand elle le raconte à la Française. Son fils traduit. Il traduit aussi après une infime hésitation ce qu'elle vient de dire à Laure.

— Ce qui est écrit sur le front rien ne peut l'effacer.

Qu'a-t-elle lu Ouardia sur le sien pour le lui assurer ? La question se grave en Laure comme un géant sur un coffre.

Ils arrivent devant la maison où les aînés ont grandi, elle reconnaît le seuil sur lequel une adolescente a posé il y a longtemps, la photo est dans le salon à Alger encadrée sur un meuble du séjour, on ne peut pas la louper. Elle a scruté hier les traits sépia de la jeune Ouardia, frappée par sa jeunesse, une gamine, buste en avant mais sans le vouloir, effet d'une poitrine tendue de ses treize ans. Une jeune fille pleine de piquants avec calé dans le creux de son bras un bouquet de chardons. Pas une mèche ne s'échappait de dessous son foulard, les oreilles découvertes, on y devine un lourd bijou, des boucles d'oreilles en argent et corail rouge des Beni Yenni. Parée. À quoi ? La noce annoncée ? La nuit qui s'ensuit ? L'innocence sur un plateau. Déflorée comme on le dirait d'une déforestation. Cette photo est celle montrée au futur mari et il la choisit. Laure l'a immédiatement ajoutée à d'autres photos qu'elle n'a jamais vues que lui décrivait une vieille dame photographe et il n'y a plus personne pour en parler, comme si ces images n'avaient jamais existé.

À peine arrivées, la Kabyle et la Française préparent la galette, ce qu'elle n'a osé faire avec sa grand-mère, Laure s'y emploie maladroitement. La chaleur est écrasante, la cuisine est une geôle en bouse et en terre cuite, le kanoun un trou dans le sol pour les braises avec autour quelques pierres, y poser le plat après la cuisson. Une étroite percée sur l'extérieur, cette pièce est un four, ni son avant-bras ou le revers de sa main ne suffisent à essuyer une sueur sur son visage, la galette cuit tant bien que mal dans un plat identique à celui de Léa. Laure reproduit son geste, aviver le feu avec ce que l'on a sous la main, elle trouve un bout de carton au sol, l'agite rapidement sur la flamme, redonner vie à ce qui se serait éteint.

Elle ne s'en est pas trop mal sortie.

Depuis des siècles dans ces masures, des filles, des sœurs, des belles-sœurs, des premières, deuxièmes, troisièmes, jusqu'à parfois quatre épouses se sont succédé, entassé. Enfantines, prises, répudiées, fanées, rivales, des femmes au secret. Voilà à quoi elle pense en retournant la galette, et que celles de sa famille y ont échappé.

Laure a soudain devant les yeux un visage punaisé en France sur un mur, la jeune Kabyle peinte le menton haut, se remémore son prénom, finalement plus fort que l'oubli. Est-ce d'avoir les genoux pliés dans une étuve ou d'avoir pensé à Grand Ma lui répétant, *Made aussi écoutait mes histoires. Ta mère avait une amie qu'elle emmenait partout à La Ferme. Nour, elle s'appelait.*

*

La voiture se dirige vers Michelet – Aïn El Hammam depuis l'indépendance –, un village à 1 000 mètres d'altitude, les sommets du Djurdjura disparaissent dans une brume de chaleur, ils roulent vers l'école de son grand-père. Ce matin Laure s'est habillée avec un soin particulier, pour lui, pour La Ferme, les oliviers. Une chemise à la fois blanche et du même rouge qu'une jupe flamboyante, chevilles couvertes. Le haut acheté sans même l'essayer après que la vendeuse ait précisé, *Le rouge ce sont des grenades ouvertes.* Un fruit rare, il va bien avec la journée, exige une patience pour être mangé. Elle aime y piocher des graines, attend d'en avoir le plus dans la bouche avant de croquer. Au petit-déjeuner c'était des figues ramassées par Ouardia. Laure en a encore des grains entre les dents. Des figuiers à ne pouvoir les compter longent le bas-côté, elle pense au sien devant la maison dans la nature, sa vigueur retrouvée, il pousse tellement vite, recouvrirait la terrasse si elle n'en sacrifiait des branches chaque automne en veillant à ne pas le rendre bancal. Quand il perd ses premières feuilles, qu'elle est dehors, le figuier dans son dos, il lui semble parfois entendre marcher, elle se retourne redoutant un intrus, serait à peine polie, se rassure en voyant l'arbre, une seconde elle a cru avoir affaire à un humain et c'était ses feuilles qui se détachaient.

Comme dans la casbah, ni l'odeur des figuiers bordant la route, ni les fruits éclatés d'être trop mûrs ne suffisent à masquer les remugles d'une putréfaction des déchets aux abords de la nationale, le plastique déborde des fossés, plastique fondu et tenace. Il n'y a pas que les poivrons qui sèchent au bord de la route, des hommes et encore des hommes accrochés à leur café jouent aux cartes le cul vissé sur un tabouret, et ils boivent la tasse. La montée est raide, devant cette montagne Laure arrive à mettre un peu de désert, ses pitons de pierre, le Hoggar et l'Assekrem, Ahaggar et l'Atakor, elle les a gravis comme on escaladerait une légende, terre et ciel confondus semblent se protéger. Ici des villages s'y ajoutent entre les plis de la terre, dans un capharnaüm d'arbres et d'arbustes, leur feuillage sens dessus dessous, les cèdres et les chênes-lièges ne suffisent pas à masquer les constructions inachevées, des blocs de parpaing surmontés de toits hérissés d'une ferraille, tenir le béton armé et on échappe à l'impôt en repoussant la déclaration de fin de travaux. De longues tiges de fer prêtes à rayer le ciel, expression d'un improbable désir d'extension. Les façades surchargées de paraboles déversent les images d'un monde rutilant hors d'atteinte. Flancs calcinés des collines ponctuées d'auréoles de touffes végétales hésitant à pousser plus avant, vulnérables mais résistantes. Le printemps noir a laissé la trace d'incendies volontaires dans toute la Kabylie, ils sont comme un sang que l'on frotte et il ne part pas, on ne passera pas l'éponge, aucune ne l'enlèverait. Les oueds sont asséchés, pas la colère. Dans la caillasse à flanc de montagne, seuls les figuiers de Barbarie paraissent encore avoir la force de pousser dans leur cuirasse en forme de raquette au maillage d'épines. Et puis la mer. Partout depuis hier. Même lointaine, toujours prête à surgir au détour d'un virage et à les accompagner dans la montagne, elle laisse sur le bord de la route des paniers luisants remplis de sardines pêchées le long d'un rivage de plantes grasses aux fleurs violettes, jaunes et rouges. Laure repense à la proposition d'Assia de lui montrer Tipasa la prochaine fois qu'elle viendra en Algérie. L'avoir entendue déclarer comme une évidence qu'elles se retrouveraient ne la quitte pas. La jeune femme lui a décrit un festin de splendeur, une jubilation des ruines surplombant la mer ; beauté vivante d'être si ancienne.

— Il n'y a qu'à tendre la main, tendre ton regard, tu es prise par… comment le décrire ? C'est pour ça que je veux t'y emmener.

Même si les femmes y sont empêtrées dans leur voile, des vêtements trop larges, trop longs, et on ne va plus nager. Interdites de mer, les pans du tissu les feraient tomber où elles ont pied.

Pendant ce temps un olivier millénaire compte les siècles.

— Un arbre remarquable, Laure, il faut qu'il le soit pour me détourner des ruines bleues, le ciel et la mer sont encore différents d'être mêlés aux pierres, tu n'as pas assez de tes yeux pour tout retenir. Si on sait regarder la splendeur, mais vraiment, elle ne nous quitte pas, non ?

Assia a trouvé un jour un papier jeté au pied de l'arbre.

— Je crois tellement à tout ce que cet olivier a vu, je n'allais pas laisser le papier, il n'était pas là par hasard, n'était pas froissé mais plié, ça a tout changé, j'ai voulu lire, et l'ai reposé après où je l'avais ramassé, sachant qu'au premier coup de vent la feuille finirait dans la mer mais pas les mots écrits dessus. *On enferme nos femmes, on casse nos poètes, ils sont le ventre du monde.*

Se les répéter éclaire une journée. Même au fond de la mer ce papier continue d'être une écorce.

— Laure, tu as été à Rome ?

— Oui.

— Tu sais cette phrase, *Tous les chemins mènent à Rome*, eh bien… tous les chemins mènent à Tipasa.

*

La route n'en finit pas de monter, comment ne pas penser à l'aventure si souvent racontée par son grand-père, son retour de Michelet par la montagne à la fin de sa scolarité chez les Pères blancs, il se souvenait et les yeux d'un adolescent prenaient place dans le visage d'un vieil homme plein d'un élan du passé. Plus il vieillissait, plus il s'animait à revivre cette journée gorgée d'une liberté et de dénivelés, une audace. Un jeune homme rentrait chez lui, sa vie maintenant ce serait La Ferme à aider ses frères au commerce de l'huile, il le croyait. S'était-il adressé aux singes rencontrés sur le chemin, les avait-il intrigués avec ses cheveux, le singulier feuillage ? L'écoutant, Laure voyait pousser sur un crâne chauve une jeunesse d'où elle vient et son grand-père allait de l'avant. Était-ce déjà les mêmes eucalyptus ? Elle les regarde, pense à des pachydermes sans tête ni trompe, ne resterait de leur corps que les pattes, énormes troncs posés à la frange du bitume, le tracé de la route a dû compter avec leurs racines, un entrelacs invisible d'une terre qu'elles soulèvent. Les arbres leur font cortège alors que la voiture monte vers la ville d'un lycéen et il deviendrait son grand-père. De longues lanières s'amoncellent sur le bas-côté, la peau des arbres part en lambeaux, Laure imagine Made enfant en faire un déguisement. Une lanière pour chaque bras, la plus longue sur la tête comme une traîne et on devient arbre.

L'air a fraîchi, ils approchent d'Aïn El Hammam qui reste *Michelet* quand on y a été lycéen. Le fils de Ouardia se renseigne sur une ancienne école des Pères blancs, se gare devant. Elle sort seule de la voiture, l'école est un bâtiment éventré par l'Histoire, elle parcourt des pièces, gravats au sol, peinture écaillée sur les murs et un tableau noir, plutôt un tableau bleu comme un morceau de ciel, troué d'impacts de balles. Une lumière entrée par des fenêtres brisées éclabousse l'instant. Elle trouve un morceau de craie, écrit le prénom de son grand-père et l'appelle au tableau.

La dernière fois qu'elle l'aura vu vivant ce n'est pas en lui disant adieu avant de prendre le bateau, mais ici à Michelet dans son lycée.

Ce soir ils dorment à Alger, demain elle repart en France, ils ont quelques heures pour trouver Alalame.

Alalame sorti de la bouche de Léa au moment où Laure ne l'espérait plus, retenu phonétiquement, approximativement, elle sait bien que ce n'est pas exactement le nom du village, l'a cherché sur des cartes à elle ne sait combien de millièmes, en 2005 Alalame n'existe pas pour Google.

Une succession de lacets en direction de la vallée, il n'y a plus à gravir la route, juste à la suivre, dans la descente elle paraît encore plus accidentée. Laure a l'impression de suivre son grand-père avec des cheveux et il rentrait à La Ferme.

Ils épient les panneaux d'indications de route, d'entrée et de sortie des villages, les directions à prendre qui évoqueraient un nom proche d'Alalame. Après un demi-siècle, ils pourraient tourner sur des kilomètres sans trouver. Passé Tazmalt, le fils de Ouardia s'arrête plusieurs fois sur le bas-côté, lancer à tel ou tel, *Alalame*. La présence de la mère sur le siège avant dans un haïk immaculé est une caution précieuse pour questionner. Laure note les brefs coups d'œil, d'abord vers elle puis vers Ouardia, méfiants puis rassurés. La vieille

Kabyle ne sort pas de la Peugeot déglinguée, être là suffit. Elle est la figure d'une intégrité inentamée, ni les Français, ni les militaires, ni le gouvernement, ni les intégristes, les terroristes n'en ont eu raison. Elle ne parle pas français, pas l'arabe, ne sait ni lire ni écrire, mais possède l'amour inconditionnel des siens. L'observant, la fille de Made pense à Lalla Fatma N'Soumer, guerrière et résistante kabyle capturée en 1857 déclarant à l'occupant et son oppresseur le maréchal Randon, *Nous faisons partie de cette montagne, nous sommes comme les pierres et les rochers qui la composent. Tôt ou tard, vous partirez et nous, nous resterons.*

Lorsque plus tôt ils ont déjeuné dans un champ d'un reste de galette, de chakchouka et de fenouil attendri d'avoir macéré dans l'huile et le citron, Ouardia s'est assise comme un rien à même le sol, les deux jambes allongées sous ses jupes, tenant son dos en équerre sans appui, mains à plat sur les genoux. Dans les montagnes où elle est née les gamines ne font pas de danse classique, elles vont au premier point d'eau parfois à des kilomètres une amphore en équilibre sur le sommet du crâne, tiennent droit tout ce qui ne doit pas tomber. Combien de siècles, combien de kilos et de kilomètres ? Puiser l'eau, ramasser assez de bois, être la mule des ânes bâtés qui décident de la charge à porter, vous labourent et vous brisent les reins.

Laure s'adresse peu à celui au volant, le frère en France l'a prévenue, son aîné se méfie des Français, ne les côtoie pas, il veut la paix, a traversé dos courbé les dix années de violence qui ont encore abîmé il y a peu son pays. Inlassablement le fils de Ouardia arrête la voiture, cherchant une direction, demander un chemin, se rapprocher, il fait ça. Sent-il comme Laure sans que rien n'en soit dit combien trouver est devenu important pour Ouardia ? Atteindre une oliveraie où une enfance a fait souche. Celle sur le siège avant en a mesuré le prix, les deux femmes dans cette voiture croient en cela, n'ont que ce mot, Alalame.

Ici aussi les eucalyptus se délestent de leurs lanières, être plus légers. Les tamaris, les caroubiers, les micocouliers, les lentisques et le jujubier sauvage les escortent dans la vallée de la Soummam. Et des oliviers. Partout. Plus la voiture roule, plus il y en a. Plein de poussière, un gris qui aurait perdu son vert, une rincée de pluie et il réapparaîtra. Son œil essaye d'attraper chacun d'entre eux, voit les six chez elle, celui qui manque ; elle doit trouver, elle va trouver.

Il a suffi d'une seconde pour qu'Alalame devienne Allaghane.

Un panneau indicateur à l'entrée d'un village trop petit pour être sur une carte, la première lettre mangée par la rouille et c'est là sous leurs yeux, Allaghane. Reste à trouver La Ferme, nécessairement proche, ils roulent au pas, une centaine de mètres, elle s'entend crier.

— C'est là !

Là ? Ils sont sur une nationale aux accotements défoncés, quelques magasins, le fils de Ouardia se retourne vers elle, ne comprend pas.

— Il faut s'arrêter, j'en suis sûre. Regardez, il y a une quincaillerie ! Mon grand-père en arrivant en France a ouvert une quincaillerie !

Elle croit aux signes qui ne sont pas des hasards, aime à les reconnaître, les accueille. Ils se garent, elle se retient de bondir vers le type au milieu des bassines et des brouettes, les sauts empilés, quelques rouleaux de paille de fer, des balais suspendus au mur, pas exactement un magasin, plutôt un garage aménagé, le note d'un coup d'œil, le quincaillier est sur ses gardes.

Laure laisse le fils de Ouardia s'enquérir d'une oliveraie venue du passé. L'échange est bref, il revient bredouille, elle insiste.

— Des hectares d'oliviers c'est beaucoup, il ne peut pas ne pas en rester un !

Elle a attendu trop longtemps, il doit y retourner, dire qu'il n'y a rien à craindre, elle ne veut rien. Juste marcher sur cette terre. Le fils regarde sa mère, elle n'a pas bronché, bougé d'un millimètre, et sans en saisir un mot a encore une fois tout compris. L'immobilité de Ouardia parle pour elle, ils sont venus ici pour la Française, ils sont là pour qu'elle arrive où elle doit arriver. Son fils coupe le moteur, y retourne. Le quincaillier fixe Ouardia, il sort de l'ombre du garage, la fille de Made descend de la voiture. Le fils et le quincaillier parlent en kabyle mais ce dernier s'adresse à elle en français, il en sait beaucoup sur la famille de Laure, en dit plus en une minute que tous en tellement d'années.

Et aussi que demain la quincaillerie aurait été fermée, ils ont de la chance. La chance on l'apprend vite a des limites, le destin non.

— Vous pouvez être fière des oliviers de vos ancêtres, il n'y a jamais eu de meilleure huile que la leur.

Elle retient, ne retient pas un sanglot.

Il poursuit.

— On leur a été reconnaissants, vous savez. Quand ils ont dû partir, quand ils n'ont plus pu rester après ce qui s'est passé. Ils auraient pu vendre aux colons, y en avait des Français qui n'avaient pas compris, qui la voulaient cette terre, mais non, votre famille a vendu à des comme eux, des comme nous. À d'autres Kabyles.

Il a dit… *des comme eux, des comme nous…* elle a mal compris ?

Laure ne montre rien de la déflagration en elle.

— Mais ma famille… ce sont…

Des Kabyles ? Le mot refuse de sortir… elle n'est que points de suspension. Ce qu'elle vient d'entendre était si loin en elle, inaccessible.

Pourquoi ? Pourquoi maman tu n'as pas été là pour le dire ? Me dire… Tant de dialogues imaginaires et pour la première fois une réponse.

Sa famille… ils ne sont pas pieds-noirs alors ? Des *Comme nous,* il vient de l'affirmer. Être pied-noir c'est avoir des ancêtres européens, avoir un tout autre début ; Kabyle, elle est fille d'Afrique.

Le quincaillier observe ce qui ne franchit pas les lèvres de Laure.

— Vous l'ignoriez ? Toutes ces années, vous ne le saviez pas ?

C'est ça qu'elle devait à tout prix trouver ? Les siècles déposés en ces hommes dont elle vient. Que sait-elle de ses arrière-grands-parents maternels ? Même Grand Ma elle ne connaît pas son prénom, la croyait née dans le Sahara parce que son père y aurait travaillé. Vraiment ? Elle comprend bien tard que son arrière-grand-mère n'est pas seulement née dans le désert, elle était berbère et ça continue d'être vrai pour ses descendants, comprend que Ouardia l'a lu sur son front.

Avec son coffre et le Grand Dieu de Séfar, Made elle aussi a emprunté cette voie des origines bien plus loin que Laure ne le croyait. Sa mère aura voulu en garder une trace, sa fille l'a suivie sans même le savoir, et ça arrive comme ça ? Devant une quincaillerie au bord d'une nationale avec un inconnu qui en sait plus qu'elle sur le passé de sa famille.

Comment s'y projeter ? Comme un boulet de canon.

Le quincaillier a dit, *Après ce qui s'est passé…*

Que s'est-il passé ? Laure mesure que ce ne sont pas seulement des études à Alger ou l'exil qui leur ont fait abandonner La Ferme, il y a autre chose.

Elle craint que tout dérape, qu'arrivée au seuil de l'oliveraie, *Ce qui s'est passé* ne l'empêche d'aller plus loin, redoute une volte-face de cet homme si elle se montrait trop curieuse. Elle ne veut prendre aucun risque, ce sera pour une autre fois les questions, elle est venue voir ce qu'il reste des premières années d'une petite Made sur terre, que le quincaillier l'y emmène. Il hoche la tête, abaisse la porte du garage, se dirige vers une mobylette, c'est à quelques minutes, ils n'ont qu'à le suivre. Avant, il griffonne sur un papier, le tend à Laure, elle lit *Mohand* même si pour elle, il sera le Quincaillier, en est plus réel. Un numéro de téléphone 074 10 35 38, deux cercles dessous, deux ronds-points avec au milieu un rectangle, le pont d'Allaghane sur lequel ils vont passer. Du premier au deuxième cercle il y a 3,5 km sur le papier, et une flèche avec au bout, sans que Laure ne l'ait prononcé, le nom de jeune fille de Made.

Ouardia et son fils l'ont laissée marcher seule parmi les oliviers, il aurait fallu approcher de chacun à perte de vue tant ils sont les collines, ont été La Ferme. Elle ne cherche pas forcément lequel sa mère aura ou non enlacé, chaque branche paraît vouloir lui dire quelque chose, elle écoute un instant dans le temps. L'arbre Made est ici parmi tous, elle reviendra, elle sait où le trouver maintenant. La prochaine fois, à sa prochaine venue, Laure organisera la traversée et l'aura sous les yeux toutletempstoutletemps.

Avant qu'elle ne s'éloigne au travers des oliviers le Quincaillier lui a appris que planter en kabyle, signifie prendre racine. Elle a tenté une greffe, pour retrouver les jambes d'enfant de sa mère et marcher avec sur cette terre, même brièvement. On y produit encore de l'huile dans de nouveaux bâtiments plus loin, elle part à l'opposé vers des collines ombreuses de tant et tant d'oliviers, les fluets, les massifs, des formidables, écartés ou rapprochés, elle va de l'un à l'autre, elle *est* le labyrinthe, ne se perd pas. Le ciel a un bleu qui vire au mauve, de plus en plus prononcé et changeant à en devenir cramoisi. Un ciel coquelicot, et le vif argent du feuillage en est encore plus ténu, aussi loin qu'elle regarde il y a les oliviers.

Elle repartira avec la masse d'une terre gonflée d'une ramure, cette même masse quand le chevreuil se déplace sous ses fenêtres, tant d'arbres morts restent debout des décennies, l'animal continue de les frôler dans sa course, les espèces autour poursuivent leur vie d'insecte et de mousse au milieu de celui qui n'est plus. Même sans sa sève, même sans bourgeon, l'arbre les protège en étant là. La fille de Made laisse entrer dans sa mémoire une rondeur qu'aurait la vallée, le poids des arbres. Deux gamines y ont laissé leur enfance, elle le pressent. Tout comme elle a dit *Made* à voix haute sur le bateau, c'est *Nour* ici qui sort de sa bouche.

Le portrait punaisé face au lit superposé où sa mère dormait le lui soufflait toutes ces années, la jeune Kabyle était en fait deux.

Celle avec une jarre sur la tête et l'autre, écrite en minuscule dans un angle de son dessin.

Laure essaye que ses yeux contiennent tout, essaye que son cœur ne fasse pas mal, ralentir le temps, attendre le moment où il ira si doucement, le passé, son sens de la gravité, la rattrapera.

Si une mère et son fils ne l'avaient attendue, s'il n'y avait eu la route à faire et une vieille Kabyle veut rentrer chez elle, se serait-elle allongée sur le sol ? Y aurait-elle posé sa joue ?

Une brume de chaleur opacifie les lointains comme si le ciel mordait la poussière et d'étroites feuilles argentées font un métal souple bruissant sous un soleil, elle revient sur ses pas, trouve des machines, beaucoup de machines hors d'usage, la pompe à essence, et surtout la meule en granit encore à sa place, le pressoir noirci, archaïque, l'exploitation continue sans. Sans les citernes rouillées, noircies elles aussi. Si elle ouvrait leur robinet il en sortirait un air sans une ride. Elle s'accroupit, prend un peu de terre dans sa main, frotte la tache de henné avec. La pulsation d'un temps ancien coule dans ses veines, le bonheur n'a pas bougé.

Elle est arrivée où Made a été cette gamine jambes nues sous une robe, le cou hâlé, encore plus brun de la caresse du soleil.

Sa fille imagine les heures d'un été à observer les grands, s'en écarter, grandir de toute façon.

Dans l'enfance de sa mère, Laure a appris à désirer ce que la nuit recouvre.

Ce que lui a appris le Quincaillier a immédiatement trouvé sa place en elle. Elle sort de l'oliveraie, rejoint la route menant à La Ferme, elle distingue au loin un modeste attroupement, sans doute on interroge le Quincaillier ou Ouardia et son fils sur la Française. À elle on ne posera aucune question, l'hospitalité est de lui tendre un thé, il y a sur le visage de Ouardia un sourire que Laure ne lui avait pas encore vu. Une émotion contenue, pudique, circule entre la vieille et la jeune… Kabyle.

Avant de partir elle vérifie de bien avoir dans son sac le papier avec le numéro de téléphone du Quincaillier. Il a encore quelque chose à dire, paraît hésiter.

— Quelqu'un… quelqu'un qui était ici du temps de votre famille est prêt à vous rencontrer. La personne ne viendra pas si on ne va pas la voir. Elle est de ce côté-ci du domaine.

Faire attendre Ouardia ? Non. La mère et le fils ne veulent pas être sur les routes à la nuit tombée et il faut encore parler de l'olivier, s'assurer de pouvoir en emmener un la prochaine fois.

— Vous croyez qu'avoir un olivier serait possible ?

Le Quincaillier sourit.

— Oui.

— Il y a quelqu'un de l'huilerie ? Je n'ai vu personne sur le domaine.

— Eux vous ont vue, je leur ai dit qui vous étiez, que vous ne vouliez rien.

— L'olivier, je le paierai.

— Ils vous le donneront, votre famille, on la respecte. Peut-être on leur en a voulu mais… en cédant La Ferme aux nôtres ils ont arrangé ce qui n'allait pas. On était au tout début de… les colons la voulaient cette terre, ils l'auraient payée cher.

Dans quel sens ils l'auraient payé cher, Laure ne le demandera pas.

Elle en aurait des questions à poser mais pas à la va-vite et elle s'interdit de faire attendre la mère et le fils, ils ne manifestent aucune impatience, c'est à elle d'abréger.

— Je dois y aller. Je ne veux pas retarder cette dame. Vous avoir rencontré… mon grand-père était quincaillier alors…

— Inch Allah.

— Je vais revenir, j'ai votre numéro et… si pour l'arbre…

— Vous auriez pu repartir avec aujourd'hui, on s'y serait tous mis.

— La prochaine fois tout sera prêt pour l'emmener. Qu'il vienne d'une de… nos collines, aucune autre… et grâce à vous.

— Je ne les ai pas connus votre famille, mon père oui.

— Ma mère est née là. Made.

— Elle viendra avec vous ?

— Non.

Elle garde la suite pour elle, *C'est moi qui l'emporterai.*

— Je vous dis à très vite. Merci pour l'heure passée seule, d'avoir touché la meule je... je n'avais pas pensé à ce que ce serait.

Il hoche la tête, que sait-il qu'il n'aura pu lui dire ?

— Alors à bientôt ?

Pourquoi elle y a mis une interrogation ?

*

La route du retour avec Ouardia et son fils, tout ce que l'on se dit qui n'a pas besoin de mot. Léa aura voulu protéger les siens en dissimulant leurs origines, en se faisant passer pour pied-noir.

Le hasard veut que leur nom de famille n'ait pas de consonance « suspecte », ne fasse pas « arabe », se fondre dans le décor, la France ne ressemble pas à sa légende.

Laure ne connaît pas encore le *Paysage algérien* de Renoir, elle tombera dessus à Orsay dans quinze ans avec l'envie immédiate d'entrer dans le tableau ; n'en verra pas d'abord le titre complet, *Paysage algérien, le ravin de la femme sauvage.* Elle *est* ce ravin, les touffes violettes et mauves, indigo, de tous les verts jusqu'au plus pâle comme attendri par l'oued, une fraîcheur possible, dessous une aridité. La légende veut qu'une femme y ait égaré ses petits.

Alors que la voiture s'éloigne de la Kabylie, il y a dans cette montagne derrière eux une terre hérissée de pierres sous lesquelles reposent ses ancêtres, et ce bien avant la colonisation. *Je viens de ce paysage*, elle se le répète et tout en est changé. Même le soleil en est changé, encore plus un allié. Où elle ne voyait hier qu'un pourrissement de la beauté, c'est une insoumission qui défile sous ses yeux, insoumission inlassable, elle a lu le soulèvement d'El Mokrani, chef des Aït Abbas, la défaite et si peu, de garder la tête haute.

Après la prise d'Alger il a fallu encore trente ans avant que la Kabylie ne tombe sous un pilonnage et la mitraille, razzias sur razzias, un déchaînement, un acharnement de l'armée française, des milliers de viols, de tout temps prise de guerre, butin sale, une arme *naturelle*. Le massacre d'Icheriden, les dépouilles indigènes livrées aux vautours, les os sucés, jusqu'aux rapaces qui s'en dégoûtent de trop d'abondance, et c'est au tour des mouches de pondre dans des orbites dévorées.

Toutes ces batailles qui crèvent le cœur du monde.

D'avoir eu chaud, le ciel est lourd, la voiture avance au-devant de l'orage, une pluie emprisonne la lumière, elle ne parvient pas à assombrir un chatoiement à la racine. Le sol trop sec refuse la pluie, il n'est que craquelures aiguisées et en quelques secondes l'eau ruisselle sur la route, monte jusqu'à mi-roue, les oblige à ralentir, une odeur de fruit trop mûr entre par les carreaux à peine entrouverts pour empêcher la buée.

Le Quincaillier l'a délivrée d'une intuition persistante, son épaisseur diaphane débordait de partout, Laure en sort comme d'un cocon où l'on n'est pas si bien. Les racines on peut les couper, les fendre, les décapiter, les égorger, elles repoussent ; repousseront qui les aura arrachées.

Sous les éboulis et une lacération des pierres de la montagne il y a un roc.

Ouardia, le Quincaillier, ne sont pas sa famille, pas même une famille d'ici ou que l'on choisit, ils sont une mémoire revenue de loin au galop sur le dos d'un cheval et il avait un nom de singe.

Été 1954

Coco est vieux depuis si longtemps, Made le croirait né foutu si elle n'avait entendu sa mère évoquer son enfance à le chevaucher, et sentir une vitesse la soulever de son cheval, frapper son visage et c'est doux. Elle regardait la terre faire des ricochets sur ses mollets, son cœur rebondissait sur une joie. Une fille réécrit sa mère et tout semble mieux. Évidemment Léa en parle autrement, chevaucher Coco est un lien vif avec leurs collines, il n'y a que sur son dos qu'elle aime à regarder les contreforts des montagnes, les villages accrochés à un escarpement, un éboulis où rien ne pousse, ne se cultive, sauf la faim et on veut partir, s'en extraire de la misère, l'humiliation ; de ne pas être allée à l'école parce qu'on est une fille. Pour une femme ici il y a pire, Dihya née au même endroit a vu sa mère s'amenuiser, n'en plus pouvoir des gosses nés et à naître, devoir trouver à manger pour eux, en être presque morte de faim et puis tout à fait. Léa y a échappé grâce à la conversion de son père, ça a tout changé. Les Pères blancs se sont implantés dans leurs montagnes et les plus misérables, les plus démunis des démunis, des orphelins souvent, ils les ont christianisés. Ça a été surtout une conversion de la misère, tu n'as rien et on te donne quelque chose, sans compter que cela facilitait grandement pour devenir citoyen français et ça fait toute la différence. Le cas du père de Léa, né kabyle, tôt orphelin, il a grandi chez les Pères blancs, une bonne recrue. Les missionnaires l'ont recueilli, instruit, en contrepartie ils l'ont baptisé. Son père aurait été un énième berger, mais non, il a été un des premiers Kabyles à réussir le concours d'instituteur, les Pères blancs repéraient vite les plus prometteurs. Dans la montagne avant la Grande Guerre, être maître d'école et enseigner l'histoire française c'était rare pour un Kabyle, même un converti. Aujourd'hui encore, un diplôme rejaillit sur toute la famille, aidera à un moment ou un autre. On vous donne une bourse pour apprendre, continuer à apprendre, un privilège que son père n'a pas voulu pour elle, quelle saloperie… naître fille. Pourtant Léa est l'aînée, si elle avait été un garçon elle aurait étudié et l'État français aurait payé pour qu'elle aille le plus loin, alors oui Alger c'est pour les études de ses filles mais c'est aussi pour mettre le plus de distance possible avec le village natal, être pareille à des Français de souche, pouvoir le faire croire. Elle n'est pas la seule à vouloir truquer les dés, certains chefs de clan donnaient volontairement aux curés un des leurs, le sortir de sa condition primitive, qu'il n'ait pas à subir cette violence de se sentir inférieur, en être résumé, et voilà comment on se retrouve bon chrétien. Les premiers christianisés ont fondé des familles, autant de m'tournis, un mot que Léa n'aime pas, il ne franchira pas ses lèvres mais il existe, est là exprès pour dire qui ils sont si on en parlait. Pour se marier sa mère aussi a dû se convertir, quel besoin elle a de se revendiquer berbère et bourrer le crâne de la petite. Si on prend Dihya, leurs deux pères jouaient ensemble tout comme Made et Nour aujourd'hui, mais il n'y a eu qu'un seul converti et Dihya a été la mule qui va à l'eau, va aux fagots, porte trop sur son dos, les reins cassés à quinze ans et ils n'empêcheront pas les gosses de remuer là. En s'attachant Grand Ma, Dihya a échappé à la dureté d'où elle vient, *D'où elles viennent*, quand cette pensée la touche Léa l'écarte comme une mouche, elle fait partie de ceux pour lesquels remuer le passé c'est remuer la merde, comment ça sentirait bon ? Leur sort commun, elle ne s'y arrête pas, *Je ne suis pas une indigène*, Léa se l'est tellement répété. Déjà enfant, elle veillait à ne pas se lier avec une qui vous sert et vous rappelle ce dont on veut se défaire. Où sa mère voit une grandeur dans leurs coutumes, Léa ne voit qu'une chose, ces traditions orales sont promises à disparaître. Elle y trouve son compte, se couper du passé pour le dépasser, certains convertis s'y accrochent, ça ne leur vaut rien de bon. Chrétiens eux aussi mais ils ne prennent pas la chose de la même façon, veulent garder un pied de chaque côté, en équilibre, le cas des Amrouche, une famille du village de son mari qui s'est unie à la leur, une erreur. Des convertis tout comme eux mais différents. La mère et la fille se posent en sauveuses des chants kabyles, un des fils touille page après page leurs origines qui le rendent heureux et malheureux, faut savoir. Un mauvais exemple pour les enfants de Léa, sans parler de Luc qui s'est mis à écrire lui aussi, son beau-frère a attendu la fin du baptême pour leur annoncer qu'il garderait son prénom kabyle quand le livre sortira. Ali, ce sera sur la couverture. Franchement. Le propre frère de son mari, un Ali ? Ils n'ont rien d'autre à raconter ces Amrouche et Luc ? Comme si on ne le savait pas assez qui on est ! La Kabylie pour elle c'est le dos de Coco, voilà tout. Elle attend que les filles grandissent encore un peu et ils partiront à Alger. Coco aura fini d'être vieux. Comme elle les a mêlés à la crinière de son cheval ses cheveux, trop crépus, Léa en fait un chignon, pas une frisure ne s'en échappe, elle le tient aussi serré que des rênes. Ses balades sur le dos de son cheval lui manquent, elle le montait à cru, pieds nus, les talons enfoncés dans ses flancs, sentait la vie passer par là, elle tenait allongée entièrement sur son cheval, traversant sans crainte les figuiers de Barbarie, pas une épine ne la blesserait. Elle ne l'a pas fait depuis… depuis la première grossesse, et elle a arrêté d'être une jeune fille.

*

Léa fait celle qui ne les voit pas mais le soir elle suit des yeux les journaliers, et même s'il n'en parle pas, son mari lui aussi a perçu quelque chose qui change et ne veut pas rentrer dans la gorge. Quand avant les fellahs remontaient chacun de leur côté, maintenant ils se rassemblent ; à parler de quoi ? Ce n'est pas bon. Pour atteindre certains villages ce sont encore deux heures de marche et de fatigue, rejoindre les vieux, les mioches qui dépendent d'eux, d'une assiette à vider dans son ventre. Et le lendemain on redescend, continuer le travail. Léa le sait, elle ne le conteste pas, c'est comme ça. La dureté pour eux viendrait d'elle ? Qui pourrait être à leur place. Cela ne sort pas de sa tête, reste sous contrôle, son silence contre leur harassement, les autres.

Jeune fille, elle a entendu son propre père expliquer à son neveu qu'il fallait se démarquer de leur clan pour réussir, avoir du bien. Extorsion, le mot qu'il avait utilisé et ça lui avait fait mal de l'entendre, de décider qu'ils en profiteraient. Son père avait parlé d'appropriation des terres, Léa pourrait répéter ses paroles.

— Retiens cela, mon neveu, les Français ont fait bien plus que bouleverser un ordre ancestral, je dirai même primitif, ils le sabotent. Leur droit de propriété démolit notre droit de tradition et ils se servent. On dépossède celui qui a peu, on casse nos paysans, les fellahs n'ont plus rien et se déracinent. Alors vois-tu, si on a une possibilité d'y échapper, ne pas quitter d'où on est, et bien moi je dis oui. Comme toi, je l'espère. Avec sa loi, Clemenceau l'a permis et Dieu l'a voulu, je suis français, tu es français et notre pays c'est la France, ne l'oublie pas. Je te parle comme à un fils.

L'année suivante, le neveu demandait la main de Léa. Ce qu'il aura pensé du discours de son futur beau-père, Léa n'a pas voulu le savoir, il ignore qu'elle était là, a écouté. Elle a veillé aux bons effets du discours, ne pas s'attendrir, son inflexibilité lui a permis de tenir quand ils ont perdu leur premier né, il leur est interdit de tomber. On broie les hommes comme les olives mais avant on les trie. Pourquoi elle traite mieux un cheval que des humains ? S'il n'était son enfance, Coco aurait été abattu. Dieu fait bien les choses, en le retenant de mourir il le fait souffrir et elle sera obligée d'accepter de le perdre.

*

C'est en voyant les photos d'une Léa jeune fille sur le dos de Coco que Made a encore plus mesuré tout qui lui échappe de sa mère. Elle ne ressent pas cela avec son père, il ressemble au père qu'elle aimerait. Pareil avec Grand Ma. Qui n'attend pas que l'on commente ses photos, elle le fait très bien seule.

— Quand ta mère avait ton âge, dès l'instant où Coco était dans le cadre il n'y avait pas besoin de lui demander de poser. Je me demande si un cheval a été plus photographié. Il est devenu ce que tu vois et ta mère n'a plus voulu d'images d'eux. Tu l'as remarqué ou pas mais quand j'ai mon Leica elle vérifie que je ne la prends pas en photo. C'est un amour démesuré que ma fille a pour son cheval, peut-être parce qu'il ne lui a rien demandé en échange, ce que cela te procure je te souhaite de le trouver, ma belle.

La plus jeune est toujours surprise d'entendre sa grand-mère formuler une foule de débuts et de fins qu'elle a dans la tête sans trop savoir quoi mettre au milieu. Made l'écoute et tout s'éclaire, Grand Ma lui répète assez qu'elle descend des Amazigh, que le désert coule dans ses veines.

— Aussi sûrement que ce sable du Sahara que j'ai emporté avec moi. Regarde, je le tiens serré dans mon poing, le laisse filer, il fait une colline ou une toute petite dune, je le reprends dans ma main et ça indéfiniment. L'assimilation des convertis s'est faite parce qu'on n'est pas si nombreux, on ne nous a pas vus comme un danger. Surtout on va à l'église, ta mère fait du zèle, en prière tous les jours à la chapelle, mais je lui reconnais d'être sincèrement pieuse et plus heureuse. Ce qu'elle veut c'est en finir avec nos origines, je ne lui donne pas tort, tu deviens français et pour le même travail ton salaire double, tu as des droits, et ça ma petite c'est un sauf-conduit. Seulement notre maison de pierres avec sa porte à deux battants, ah oui elle est large, mais elle n'est pas hospitalière, alors moi je ne sais pas si elle est rassurante.

Pourquoi pourquoi je ne serais pas algérienne ?
Même le kabyle mes parents refusent de le parler à leurs enfants ou on ne serait pas de bons Français.

N'importe quoi.
À ce que j'en vois, français, c'est le contraire d'être bon.
De le croire on n'est pas supérieur, on en est inférieur.
La langue de mon père, la langue de ma mère,
si elle n'est pas la mienne qui je suis ?
Qui tu es maman ?

Ils sont naturalisés mais ne seront jamais des Français d'Algérie et toutes les prières de sa mère n'y remédieront pas, il faudrait changer d'ancêtres, ne pas descendre des Aït. Côté des grands-parents paternels de Made on a aussi renié des rites ancestraux, ils sont les premiers de leur lignée à avoir quitté le haut village pour le bas village où est encore installée la mission.

— Non content de faire main basse sur un pays, le colonisateur y a ajouté les âmes.

Heureusement Made a Grand Ma pour raconter, elle en retient une histoire fort différente de celle enseignée en classe.

— Vois-tu, ma petite fille, après la colonisation, le séquestre des terres a profité à certains indigènes devenus chrétiens. On a eu droit à de meilleures parcelles, d'échapper à la montagne, la caillasse inculte ; la seule finalité des missions c'était les conversions, tu me donnes ton âme, je te donne un lopin. Adjugé, vendu !

M'tourni, celui qui a tourné le dos, voilà ce qu'ils sont. Comment ne pas en avoir un pincement ? Et des salamalecs de son père à l'administrateur amateur de leur huile, il le sait pourtant qu'il ne sera jamais un bon Français pour celui-là. Au mieux, un bon Kabyle. Même pas. Pour le raciste il n'y a rien de bon dans l'Arabe et le Kabyle, il a besoin de le croire, a l'impression d'en être plus fort, même convertis ils restent des indigènes, *différents*, le refrain de sa mère, un refrain n'importe quoi ; qui, *Ils* ? Nous, maman ! Ce n'est pas parce que l'on mange le corps du christ que l'on change de sang.

Leur famille a-t-elle bénéficié de la spoliation d'un peuple ? Sans sa grand-mère, Made serait trop jeune pour se le formuler aussi clairement. Elle comprend qu'un ordre ancestral en a été bouleversé. Le fellah ne cultivait pas grand-chose mais il travaillait son lopin même s'il était misérable.

Léa a décidé que cela ne les concernait pas.

Grand Ma pense tout autrement.

— Dans le village où vit encore ta grand-mère paternelle, les Pères blancs ont installé la mission en 1879, ils étaient cinq, se partageaient 150 écoliers, une bonne moitié convertie a pondu des chrétiens, tu en es une énième couvée, ma petite fille. Ta mère ne voit pas les choses ainsi, elle n'aimerait pas que je t'en parle mais que veux-tu ? Il faut bien un peu transmettre ce que l'on aurait tôt fait d'effacer, elle préfèrerait croire que l'on est des Roumis, pfff… Bien sûr ça a des avantages d'être converti, des avantages aussi vastes que ce domaine, aussi prospères que nos terres. L'inconvénient c'est que tu es rejeté, et des deux côtés. Par ta communauté d'origine et par le Roumi justement, ces

Français d'Algérie, ah ils ont bien trouvé leur nom, faire de deux pays un seul. Pour les nôtres on est des renégats, pour les autres, même naturalisés on n'est pas de vrais Français. Il y en aura toujours un, crois-moi, pour te le rappeler, faire la différence.

Grand Ma continue, elle ne s'adresse plus à une enfant, regarde au-dedans d'elle-même.

— On délaisse notre langue maternelle. La mère de ton père parle uniquement le kabyle mais toi, tes sœurs ? On porte de beaux prénoms, Marie, Pierre, Paul, Jacques, on n'est plus Aïni, Saadi, Izem, Hacène, on abandonne nos traditions. Le Kabyle christianisé n'est plus le colonisé et à notre tour on domine. On tait ce que l'on aurait été que l'on ne veut pas être, il ne faut pas trop s'y arrêter ou comment on se régalerait de nos fruits, de nos olives ?

Et une gamine retient que c'est en arrachant ses racines que l'on est de bonne souche, le contraire de la nature. Elle retient que pour sa mère, seul compte d'être chrétien et français. Si ce n'est, raisonne Made, que changer de religion ne change pas leur… le mot qui lui vient ne passe pas. Pourtant il a vite fait de sortir de la bouche de ses oncles quand ils s'emportent contre un ouvrier, *Sale race*, elle en est effarée, mais… mais c'est la nôtre ! Se tait.

*

Léa ne pouvait plus ignorer la douleur endurée par son cheval, elle a voulu prendre la bonne décision, *Qui ne sera jamais bonne mais préférable,* a résumé le vétérinaire venu à grands frais de Bougie. Évidemment une gamine espionnait, elle a aussitôt pris la décision de libérer l'impotent promis à ne pas passer l'hiver, pour ne pas obliger sa mère à le tuer. Surtout, il mourrait libre. La nuit dernière, elle a ouvert son enclos, sans le dire à Nour, que Léa n'ait pas une occasion de lui en vouloir. Made a fait un dernier câlin au cheval tout hésitant, et lui a tapé sur la croupe.

— Tu peux y aller mon Coco. Mais vas-y !

Il ne bougeait pas. Parce qu'il n'était pas assez tendre le dernier geste que l'on aurait pour lui ? Elle lui a redemandé de partir, lui assurant que ça ne durerait pas d'avoir mal. Une fois l'enclos vide, elle s'était recouchée sans pouvoir se rendormir, aurait voulu être avec Coco dans ce moment de sa vie qui est la fin.

Ce n'est pas du tout comme Made l'avait imaginé, à vouloir soulager sa mère, la consoler, et elle l'aurait aidée. Quand on est venu dire à Léa que l'enclos était ouvert, que l'on ne trouvait plus son cheval, sa mère n'a rien exprimé d'abord, au point que Grand Ma a cru que c'était elle qui avait libéré son cheval de la souffrance.

— C'est toi ?

Sauf que non. Léa a sellé sa monture, elle ne voulait personne pour l'accompagner mais le père de Made ne l'a pas laissée partir seule, et une enfant découvre que son père a fière allure au galop.

Ils sont allés vers la montagne en direction du village où Coco plus jeune avait tenté maintes fois de s'échapper. Parce qu'il se rappelait qu'il en venait ?

Avant de s'éloigner, Léa a prévenu, si elle ne retrouvait pas son cheval, l'ouvrier responsable de l'enclos serait renvoyé avec sa famille, elle n'en voudrait plus sur le domaine. L'homme a supplié le père de Made de le garder, sa femme, une parmi les fatmas aidant à la maison, a commencé de gémir, se griffer les joues.

Qu'as-tu fait, Made ? une gamine complètement dépassée s'alarme. La colère de sa mère envers l'ouvrier innocent elle en est malade, elle ne peut pas le laisser accuser, a réussi le contraire de ce qu'elle espérait et comprend son erreur, Coco mourra seul. Où il n'y a que pierraille, rocaille. Quand elle saura, sa mère l'aimera moins, ne l'aimera plus du tout, elle ne lui pardonnera pas. Ni de l'avoir écrit.

Pourquoi pourquoi on lui doit la mort à la vie ?
Aucun Dieu ne l'empêchera, c'est quand même un peu leur limite.
Pourquoi pourquoi je ne suis pas triste pour Coco
qui sera mangé par un autre animal peut-être
mais après il n'aura plus mal.
Il sera une bûche qui prend feu.
Plus le bois est mort depuis longtemps,

plus il brûle vite et se consume.
Sans vie mais il crépite, et fait de belles flammes,
allumant une beauté.
Et une lumière mon Coco.

Et si ses parents tombaient dans un ravin ? Il y en a tellement. S'ils se fracassaient les os sur un rocher ? Il y en a encore plus. Ce serait de sa faute s'ils ne revenaient pas, elle les perdrait tous les deux, la catastrophe deviendrait l'horreur. D'un autre côté... elle n'aurait pas à se dénoncer. Sans Léa, plus d'ouvrier et une famille renvoyée injustement, Made serait la pauvre orpheline, elle en écrabouille aussitôt l'idée, se massacrerait la cervelle d'y avoir songé et part chercher Coco. Cette nuit elle a vu quelle direction il a prise, à l'opposé de celle où ses parents sont allés. Si elle le retrouve et le ramène, elle n'aura pas à s'accuser.

— Coco ! Cocooo !

Quelqu'un la suit, Made est trop loin pour voir qui. Peut-être ont-ils retrouvé le cheval et on veut la prévenir. Elle attend, finit par reconnaître le père de Nour, il la regarde d'un drôle d'air. Qu'a-t-il compris ? Si Made ne ramène pas le cheval, il dira quoi ? Elle ne l'a pas dénoncé pour le paquet emmailloté que Dihya lui a tendu en cachette, n'a pas parlé des ombres ni du burnous blanc accroché à une branche.

— Tu ne le rattraperas pas de ce côté, petite. Il est revenu dans son enclos après que tu l'as laissé.

Je pensais refermer la barrière mais il a fait une ruade et a pris le chemin du village, je vais le trouver votre cheval.

Il ne lui avait jamais autant parlé, il marche vite, aussi vite qu'il a voulu marier sa fille. Ils retournent vers La Ferme où Grand Ma, Nour et Dihya les guettaient, le soleil est déjà haut mais tous sont sombres, sa grand-mère a demandé que l'on selle un cheval pour le père de Nour, lui aussi en est tout changé de le monter.

Comme un autre qu'il serait.

*

Grand Ma a sorti son Leica, histoire de conjurer l'agitation de sa petite-fille. Elle voit Made inquiète. Pour ses parents ? Pour Coco ? Pour elle ? Un peu beaucoup les trois et promet que quand Coco rentrera, elle fera une photo dont on se rappellera, on ne l'oubliera jamais ce cheval.

— Même ceux qui ne sont pas encore nés en parleront, alors qu'il est tout vieux, tout pelé. Sur la photo on verra sa beauté qu'il avait. On va faire quelque chose de cette attente, je n'ai aucune image de vous ensemble, les filles. Dihya, tu permets que je photographie Nour ?

Grand Ma s'apprête à faire l'unique photo où Made et Nour auront posé côte à côte, deux fillettes comme des aimants.

— J'aime donner des titres à mes photos, on le fait aussi pour les tableaux. Vous n'en avez jamais vu de vrais, mes mignonnes, j'ai un livre qui en est plein, je vous le prêterai. Les titres sont parfois aussi importants que ce qui est peint, ça peut paraître bizarre que je le dise mais... les mots emmènent loin. La photo de vous deux, je sais déjà comment je l'appellerai. Made *est* Nour. Regardez, je l'écris, le titre sera au dos du tirage, il y en aura un pour toi, Nour, si tu veux.

— Mais Grand Ma, il y a une faute sur le *est*.

— Tsss... j'étais sûre que tu allais me reprendre, elle peut être fatigante cette petite !

Grand Ma se tourne vers Nour, lui explique que non elle ne s'est pas trompée. Made *est* Nour, c'est ainsi qu'elle les voit.

— Vous changez de robe ? Revenez vite, ou Coco prendra votre place !

Et ça marche. Made ne doute plus du retour de Coco, ne doute pas du père de son amie. Nour a voulu une robe bien à elle, pas une déjà portée qu'on lui donne. Pour cette séance elle est dans un sarrau en toile de sac, Grand Ma ne fait aucune remarque, seule importe la seconde où face à son Leica il se passera quelque chose qu'elle n'aura pas demandé, aura provoqué.

Made revient dans une robe blanche au petit col en dentelle pointant vers où il n'y a pas de seins encore. Elle a un regard saillant, le menton mince, des pommettes d'une jeune bédouine quoi qu'en pense Léa. Elle s'est débrouillée pour relever ses cheveux, aplatir les frisottis en bordure de son front, ils fusent de son crâne à la première humidité, la coquette vient d'y glisser un nœud blanc du même tissu que sa robe, on dirait les ailes d'un ange tombé dans sa tignasse. Grand Ma enserre la sienne jour et nuit dans un filet fin, aucun ange ne s'y hasarderait ! Pour Nour c'est autre chose, elle vient d'être tondue à mi-crâne par sa mère. Une vermine ramassée dans le gourbi où ils dorment, Grand Ma a engueulé Dihya de tondre sa gosse, du coup elle a arrêté net, et pour des semaines la petite a *le crâne mi mi*, ce que lui répète Grand Ma pour en rire et on n'en est plus désolé pour Nour.

La photographe voit immédiatement le parti à tirer du crâne à moitié rasé, quelque chose de nu et de spectaculaire. Proéminent. À première vue dérangeant, comme si le front emportait le visage, le regard en est… imparable, démesurément agrandi. Cette petite a le sien limpide. D'une eau qui dort ? Ce doit être alors qu'elle le tient de son père. Grand Ma se concentre, photographie d'abord sa petite-fille à mi-buste, puis en gros plan. Uniquement pour habituer Nour, continuer avec elle en confiance. Mais avant, les deux ensemble, nuque contre nuque, leur menton pivote, donne d'autres angles à la photographe. Quand les cheveux de Nour auront repoussé, elle fera une séance avec la mère et la fille, Dihya est une beauté.

Il faudrait entrer dans la photo et y rester, écrira plus tard une gamine dans son *cahierlivre. Avoir cette vie tranquille, où rien ne bouge, ne nous fera changer.* Le temps du cadrage avec Made devant l'objectif, Nour est restée collée au coude de Grand Ma, comme si elle voulait prendre la photo, ne pas être le modèle. C'est son tour de poser seule. Devant le Leica elle croise spontanément les bras en un geste de défense, se décide à les dénouer, ne sait pas trop quoi en faire, Grand Ma la laisse trouver, que rien ne soit contraint, elle ne quitte pas le regard de la petite, ne se souvient pas en avoir photographié un pareil, on ne voit que lui. Quant au grain de peau, la photographe sait déjà qu'il donnera son doré au tirage, teintera l'image jusque dans le noir et blanc, comme un ciel irisé après une pluie longtemps espérée et tout devient net. Finalement Nour plie les bras sur son torse, mains écartées mais sans les poser, n'osant toucher des seins qu'elle a déjà. Grand Ma photographie les ongles teintés de henné, une terre cuite, elle y voit dix petits morceaux brisés au bout des doigts, constate que d'une posture de défense, son modèle à présent paraît lui rendre grâce. Nour y est venue seule. Son sourire elle l'a gardé pour elle.

La séance photo terminée, il a encore fallu attendre.

Quelle distraction trouver ? Grand Ma, Dihya, Made et Nour sortent la totalité des photos du panier en alfa, elles y entrent le bras entier et Oskar passe de mains en mains, la plus âgée guette le moment où les yeux de Nour tomberont sur lui. La gamine ne montre rien, elle est la digne fille de son père, est partie pour avoir l'allure de sa mère, un mélange intéressant. La petite tait des questions qui n'auront pas de réponse, *Comment on entre dans ce paysage ? Comme on entre dans la photo*. Elle ne dit pas son souffle coupé devant l'inconnu et il ne s'agit pas d'Oskar mais du désert bien plus étranger, et c'est l'Algérie ? Nour détaille chaque portrait de sa mère dans l'œil de la photographe, elle découvre quelqu'un d'autre et pendant une seconde les quatre pourraient presque le croire qu'elles sont une famille, y seraient prêtes.

Fatum. Le sort a voulu que le père de Nour soit debout quand le cheval est parti vers la montagne et il l'a trouvé, il a su calmer l'animal, le ramener jusqu'au premier village, le laisse sous bonne garde, déjà reparti chercher le couple, rassurer cette femme qui pleure pour un cheval. Elle n'aurait pas pleuré pour l'ouvrier et sa famille. Est-ce que le mari aurait laissé faire ? Personne ne le saura. Se taire est leur lot à tous, ne pas poser de questions, c'est ne pas risquer les réponses, elles ravivent un mécontentement, on ne doit pas le laisser paraître. Cette frayeur d'un vieux cheval perdu aura au moins permis qu'un billet passe des mains du patron à celles d'un malheureux. Un seul billet mais suffisamment gros pour peut-être bien avoir un jour une vache française, son lait gras et il fermente. Le billet n'aurait pas suffi s'il n'y avait eu le remerciement, le patron l'a donné comme il faut, il a tendu la main, a touché celle du fellah et pas du bout des doigts comme le font les Français le jour de la paye, qui tomberait par terre si on ne l'avait autant gagnée. Les billets n'ont pas le temps d'arriver dans votre main, ils ont déjà retiré la leur et pas pour la poser sur le cœur, honorer celui qui a travaillé dur. L'argent est remis dans un papier, Nour le récupère, elle le lisse pour écrire dessus, les empile. Son père ne laissera pas ces renégats lui voler sa fille. Ça ne suffit pas les jambes d'un données à un pays qui ne leur donne que de l'injuste ?

Les trois cavaliers s'éloignent du village, ils rentrent à La Ferme au pas, Coco ne suivrait pas sinon. Léa réfléchit à comment remercier encore, à ce qu'elle pourrait donner à Dihya, à Nour, à la fatma bien sûr et son mari qui ont cru tout perdre à cause d'un vieil animal. Elle se penche vers les rênes, oublier tout et tous autour, veut que personne ne voie jusqu'où il va l'amour de son cheval. Ils avancent de front, puis l'un derrière l'autre, dans la descente si raide, le tronc doit basculer vers la croupe ou il faudrait épouser la pente, se coucher sur l'encolure, aucun ne le fera. Ils se dirigent vers un horizon violacé avec tout au fond un bleu de la nuit, ils arriveront avec elle. L'air est tellement sec, il donne l'impression en avançant de couper le soleil avec son front ou son nez, le menton, leurs visages lumière, et Léa ferme les yeux, sentir tout le bon de sa dernière balade sur Coco.

Le vent amène les sons des sabots jusque dans la cour mais Made a un doute. Un son réel ? Elle a tellement envie de l'entendre. Grand Ma aussi l'a entendu ! Sa grand-mère récupère les photos, elle pose en dernier sa préférée d'Oskar pour tomber dessus chaque fois qu'elle soulève le couvercle tressé du panier.

Dihya s'est levée brusquement comme si être assise était une faute, le pincement qu'en ressent Made, qu'est-ce que ce doit être pour Nour ? Voir sa mère sans autre droit que celui de ne pas se faire renvoyer.

L'ouvrier accusé à tort rapplique, et tous du domaine. Ce sont bien des bruits de sabots mais… avec ou sans Coco ?

La responsable de ce désastre en a le cœur et l'estomac boxés d'un même coup. Elle a envie de tout dire à sa mère le plus rapidement maintenant. Personne à part elle n'a laissé l'enclos ouvert et on renvoie ceux qui ne peuvent se défendre ? On les jetterait dans quoi en les éjectant du domaine ? Made doit se préparer à être moins aimée. Elle va tellement décevoir son père, il ne comprendra pas qu'elle n'ait pas avoué plus tôt.

Chacun de La Ferme attend dans la cour, Grand Ma demande à Mathilde de récupérer *le petit père* dans son berceau, elle sait que Léa se détendra de le voir dès son arrivée, ce sera mieux pour tout le monde et d'abord pour le prétendu fautif.

Trois silhouettes. Made croit apercevoir Coco, elle cherche dans les yeux de sa grand-mère et

Nour si elle a bien vu. Bien vu ! Ils reviennent avec, ont l'air aussi fatigués que lui. Grand Ma sort son Leica, la photo de Coco ce sera son retour, elle le photographie de loin, flou mais debout. Encore debout. Mesure qu'après cette image il n'y en aura plus.

Dihya ressort de la maison, elle fixe son mari, essayant de comprendre ce qu'il tait. Elle allume la lumière extérieure et tout en devient cru, les visages marqués, sauf deux gamines trop apprêtées dans leurs robes.

Les pénibles, les oncles, les tatas et l'ouvrier font face à Coco. Omar aussi, arrivé on ne sait trop comment. Il connaît son fils, ne veut pas qu'il advienne un malheur d'avoir voulu l'éviter à un autre que l'on jetterait dehors. Omar demande qu'on le pose du côté du cheval d'où descend son garçon. Le vieux soldat se tient droit, les deux poings figés dans la terre, trouver une force qu'il a encore en lui.

On a ramené Coco dans son enclos, il s'est affalé presque au ralenti, chacun a senti son soulagement d'être là. Made comprend que choisir pour les autres n'est pas une bonne idée, elle s'est trompée sur toute la ligne. Comme sa mère ? Léa dirige sa monture vers l'ouvrier, tous se raidissent, ne veulent pas ce qui va arriver. Made se précipite. Le père de Nour, Grand Ma et Dihya la regardent de la même façon qui l'encourage.

— Maman, je…

Sa mère ne la laisse pas continuer, elle saute de son cheval, s'excuse auprès de l'homme qu'elle a menacé, elle n'aurait pas dû. Et même s'ils n'avaient pas retrouvé Coco, personne n'aurait quitté le domaine, qu'il le sache bien. Elle n'ose s'adresser aux enfants, n'ose croiser le regard de la fatma qui prendra ses instructions demain dans la cuisine. Ce soir tous feront cercle autour d'Omar, célébrer une vie qui s'amenuise et les réconcilie. On donne à l'infirme un crin de la crinière de Coco, comme s'il pouvait être un porte-bonheur, on parle d'égal à d'égal de pas grand-chose, l'obscurité aide. Ils ont choisi Omar, constate Made, parce qu'ils n'ont pas pu fêter Coco l'endormi. Elle fait bonne figure, n'arrête pas de se répéter qu'un animal c'est moins qu'un homme ; qu'un homme ce n'est pas un animal. Des morceaux de galette passent de main en main, on se régale de la tremper dans l'huile et pour quelques heures elle est autant à tout le monde. Un cousin a été chercher les premières grappes de raisin, *Est-ce qu'il a jamais été aussi sucré* ? demande une des tatas pour bien marquer qu'à le manger ensemble il est encore meilleur. Un grain après l'autre et il y en a autant que les étoiles au-dessus de leurs têtes, autant qu'il y a de graines dans une figue de Barbarie marbrée de violine ou orangée et on sait qu'elle est mûre. Plongées dans l'eau, les épines tombent toutes seules, on peut l'éplucher. Les ouvriers en ramènent des seaux de leurs villages, les leur offre, elles ont une saveur épaisse, qui râpe par en dessous, l'impression qu'elles vous laissent sur la langue, cette Barbarie sucrée, ce soir Made s'en remplit. Elle s'approche de son père, met sa main dans la sienne et le pouce d'une gamine cherche une veine au creux d'un poignet, sentir un cœur qui bat.

Elle voudrait lire dans celui du père de Nour, l'entendre parler des ombres hier et c'est son tour de le regarder, l'encourager.

Mais il ne dit rien.

« N'y avait-il donc rien de valable "chez nous" ?
Cela tournait à l'angoisse, et l'idée que la réponse pût être négative, comme certaines bonnes âmes le proclamaient bien haut, me peinait, m'humiliait.
Je tentais de me souvenir… »

Malek Ouary, *Poèmes et chants de Kabylie*

Quand Laure revient de Kabylie, son grand-père meurt. Où d'autres lancent une rose sur un cercueil, elle lance des feuilles d'olivier. Après les obsèques pas un de la famille pour lui demander, *Alors ? Qu'as-tu trouvé ?*

En Kabylie, ils ne le prononcent jamais. Sa grand-mère lui a donné *Alalame*, elle lui a donné La Ferme mais refuse d'en parler. Une fois encore sa petite-fille se tait ; Léa vient de perdre l'homme d'une vie, elle n'est pas loin d'être au bout de la sienne, nul ne l'obligera à renouer avec un début où elle ne veut pas remettre ne serait-ce qu'une oreille.

Et cela aurait moins existé qui fait mal encore.

Dans le coffre de Made, sous la haute garde du Grand Dieu de Séfar, Laure conserve une feuille recto verso, une page jaunie par le temps, recouverte d'une toute petite écriture au crayon à papier. Avant d'y poser les yeux, elle y pose le nez, retrouver l'odeur d'ambre qu'a prise le papier à rester dans le coffre. Un brouillon datant de 1933. Son grand-père y fait sa demande en mariage à son beau-père qui est aussi son oncle.

« *Maintenant que je t'ai exposé sans rien cacher toute ma situation, je te demande si tu verrais un quelconque inconvénient qui ferait disparaître la confiance que tu as mise en moi voici bientôt trois ans, en permettant mes fiançailles avec ta fille.* » Quand il écrit ce brouillon, Léa a seize ans. Fiancée à treize ans, un vertige chaque fois que Laure se le formule. Cette page jaunie, leur petite-fille l'a subtilisée le jour des obsèques. Elle est entrée dans les deux mètres carrés de l'espace faisant office de bureau au sein de la quincaillerie et ressemblant à un isoloir ou un confessionnal, à l'abri des regards, nul n'aurait demandé à son grand-père ce qu'il y faisait, personne ne l'y aurait dérangé, il s'y retranchait. Une chaise, un bureau étroit, des dossiers, sa comptabilité, une photo de Made. Un lieu armistice avec la vie, sa dureté. Et le fumet d'un ragoût aux olives arrivait jusque-là.

On enterrait le père de sa mère et Laure déchiffrait hâtivement l'écriture d'un amoureux soixante-dix ans plus tôt. Interloquée d'abord par le tutoiement du fiancé envers le futur beau-père avant de réaliser qu'il était aussi un oncle. Elle avait lu le papier debout, l'avait dérobé pour garder une trace physique de son grand-père. Son écriture ce serait sa main encore tenant le crayon. À chaque anniversaire de ses huit petits-enfants il leur écrivait, tous attendaient sa lettre, les mots qu'il trouverait pour chacun et on avance dans la vie.

Cet instant de la bascule où le Quincaillier lui a révélé ce que Ourdia avait lu sur son front ne la quitte pas. La révélation fait son chemin, elle ne la remettra pas sous le tapis, il n'y en aurait pas d'assez grand pour les questions qu'elle se pose. Apprendre si tard qu'elle est fille de Kabyle et non de pied-noir, réaliser qu'au fond elle le savait, mais tellement au fond sous des couches et des couches de… *Ça n'existe pas*, et ce qui est enfoui le reste, on est un faux, un doute sur pied, un des rouages de la fabrique à secrets. On répond à l'attente des siens, ne pas être rayé de la carte de la famille, c'est à ce prix-là. Ils sont patients les secrets, on les convoite, ils attendent, on les raye, on les efface, on croit les avoir supprimés ; vient le moment où ils remontent à la surface. Dans le dédale que l'on est il y a des clairières, la sienne tient à un mot : m'tourni. Découvert après son retour de Kabylie et lu pour la première fois dans un récit de Fadhma Aït Mansour Amrouche. Un mot infamant et il permet de traverser les apparences, ce n'est pas neutre d'être descendante de m'tournis, l'apprendre tard, par hasard, se heurter à un déni. Aujourd'hui pas plus qu'hier Laure n'en est revenue de leur exil. Elle a foi en l'enfance sentinelle, tourne autour et puisqu'on ne lui dit rien, elle lit, cherche dans les livres ce qu'elle appelle un Trésor-des-Sources. Elle retourne chez ses grands-parents – même sans son grand-père cela reste chez eux –, elle a emmené un livre de Taos Amrouche, se déplace avec dans la maison, le laisse en évidence à côté de la cheminée ou dans le salon, sur le buffet de la cuisine, une manière de montrer qu'elle n'en a pas fini, éclaircir l'ombre.

Sans deviner à quel point elle brûle.

La couverture du roman est un portrait de Taos Amrouche. Après le Grand Dieu Séfar, après le Quincaillier, une nouvelle stupeur l'attend.

Léa toise le visage en noir et blanc et lance aussi sec,

— Jamais contente celle-là. Insatisfaite. Hautaine.

Sa grand-mère ajoute,

— Je ne l'aimais pas Marie-Louise.

Marie-Louise ? Le prénom chrétien de Taos, lui apprend Léa, et elle n'aura plus un mot pour cette Marie-Louise qu'elle désapprouve.

Dans les livres des Amrouche, ceux de Taos, son frère Jean, et leur mère Fadhma, Laure apprend beaucoup que sa grand-mère ne lui dira pas. Leurs ancêtres sont du même village en petite Kabylie, Jean Amrouche a quatre ans quand le père de Made naît dans une maison voisine. Leurs familles apparentées par alliance, le frère aîné du premier épouse la sœur aînée du second, deux enfants naissent, cousins de Made. Ce qu'écrivent Taos et sa mère c'est que le fiancé ne voulait pas de la fiancée. Mariage imposé, union malheureuse. Taos dans *Rue des tambourins* et Fadhma Aït Mansour dans *Histoire de ma vie* décrivent les noces au village auxquelles enfant le grand-père de Laure aura sans doute assisté. Taos détaille la désunion, la séparation, un fracas pour les deux familles. Tout cela Léa le taira, mais les livres sont là et si Made lui a donné la vie, ils ont donné sa vie à Laure. Un livre ne vous abandonne pas.

Dans les textes des Amrouche, elle trouve des réponses, d'où ils viennent eux, n'est-ce pas un peu d'où elle vient, d'où vient sa mère ? Elle lit un crayon à la main, la mémoire grande ouverte, y fait entrer la leur.

Métissage baroque, être dans la peau d'un Kabyle, la tête d'un chrétien. Jean Amrouche, par orgueil, provocation, se nommait parfois le bougnoul, tout en côtoyant le gratin des lettres françaises dont il rêvait d'être un fruit. Fruit défendu, rejeté des deux côtés. Après le massacre de Sétif en mai 1945 il ne s'agit plus pour lui de dire *Je viens de là* mais d'affirmer *Je suis celui-là. Et puisqu'il le faut, je le choisis.* Dès 1946 il écrit, « *Le Jean Amrouche qui existe aujourd'hui, Algérien cent pour cent par le sang ; né de père et mère kabyles, appartenant à la famille musulmane et cependant élevé dans la religion catholique, avec comme langue principale (bien que le kabyle soit aussi ma langue maternelle) le français, ce Jean Amrouche n'a aucun avenir.* » Si Léa l'avait lu, elle s'y serait engouffrée, n'aurait pas manqué de réagir : il fallait bien l'obtenir cet avenir ! Elle se tient à l'opposé de cet homme déchiré par sa double appartenance, prônant tôt un accord franco-algérien pour une Algérie libérée et indépendante. Jean le chrétien est El Mouhoub le Kabyle, les deux dans un même être dilemme quand Léa a pour ligne claire d'éviter aux siens l'exclusion. N'est juste que la France, pas question d'être un proscrit et aucune place pour la nostalgie, seul importe d'être intégré, accepté sur le sol français. Leur condition native ne les déterminera pas. On a le nez busqué, une tignasse crépue ? C'est d'avoir grandi au soleil, on n'est pas des moricauds. On s'invente rapatriés et on fait le flou sur ses ancêtres, ni d'Alsace ou des Pyrénées, ni des Abruzzes ou des Dolomites ; infiltrés dans la cohorte de pieds-noirs, ça tient à un cheveu – même frisé –, un nom de famille qui « passe », sonne suffisamment français et ils ne seront pas dans le même sac, tous : musulman, arabe, harki, kabyle, l'étranger.

En s'exilant sans rien perdre d'une fraternité kabyle, les Amrouche ont emprunté un autre chemin, il leur a donné quelque chose d'une éternité.

Il y a dans leur œuvre à chacun une semaison. Pour quelle récolte ?

Été 1950. Ighil Ali. Fadhma écrit à Jean. « *On ne peut pas revenir en arrière. Il se dégage de cette nature, de ce pays une sorte de tristesse nostalgique devant cette nature admirable qui ne change pas, on sent un passé qui s'en va et un avenir qui n'est qu'ébauché. On se dit : "que sera ce pays demain !"* »

Converti, on se relève ; mieux, on se hausse. Même si la loi coloniale a longtemps interdit au m'tourni de faire figurer son prénom chrétien sur ses papiers d'identité pour continuer à le différencier. Quant au certificat d'études du grand-père de

Made, il sera délivré avec une mention… *à titre indigène.*

Arrivés en France, la foi de Léa et de son mari en fait des fidèles d'entre les fidèles de l'église du village où ils ont trouvé refuge. Ils s'en sortiront beaucoup mieux que d'autres, les valises ils les ont ouvertes dans leur maison, ne seront pas à la rue comme tant pourtant sur le même bateau. Quand ce n'est pas derrière des barbelés où la patrie reconnaissante parque les harkis. Laure a régulièrement entendu que son grand-père en homme prévoyant avait transféré leurs économies en métropole avant l'exil, non seulement ils auraient un toit mais il serait le leur. Le kabyle ne sortirait plus de la bouche de ses grands-parents, comme s'ils ne l'avaient jamais parlé. Léa et les siens n'auraient pas à affronter le racisme ou de mise à l'écart et vrai, *le petit père* aura une grosse voiture, il voyagera aux Seychelles et à travers lui c'est une famille qui s'intègre.

Qu'importe que les parents du père de Made se soient prénommés Mouhoub et Djouher tant que personne ne le sait. Que ça tienne, que ça marche et ne pas être expulsé, parqué, diminué.

Il n'y aurait pas de double appartenance, Léa y a veillé.

— La souffrance y en a assez, on est des Français. Vous pouvez épouser qui vous voudrez mais jamais un Arabe, ils nous ont tout pris. Pas un Arabe ou ce serait un malheur, on n'a rien à voir avec les Maghrébins, rien à faire avec eux, on ne se mélangera pas.

À ses petites-filles, comme avant à ses filles, la matriarche le martèle.

— Ne dépendez pas d'un homme, gagnez votre propre salaire, vous en aurez besoin si votre mari vous quitte. Faire des enfants ne ramène pas l'argent, vieille, il vous en faudra.

Les cinquante années suivantes, elle bricolera une vie nouvelle. Bientôt sans Made qui n'en voudra plus de l'existence, Laure est bien jeune quand sa mère en mettant fin à sa vie met fin à l'enfance.

Le silence s'en frotte les mains, obligeant la petite Laure à s'incliner devant le chagrin de sa grand-mère. La douleur d'une mère brûle tout en vous et ne s'éteint pas, douleur de Made et elle irradie en Laure.

Douleur de Léa.

— Le bonheur, Laure, ce n'est que des moments. Si on en attend davantage on est malheureux. Comme si c'était une obligation le bonheur, il faut vivre c'est tout. Et pas faire la difficile. Mais c'est vrai notre vie s'arrête là avec ta mère. Après… on a juste continué. On a surmonté de quitter l'Algérie mais après sa mort… ce n'est plus vivre. Est-ce qu'on a le choix ?

Il y a en bordure du cimetière un arbre foudroyé encore debout. Tronc ouvert, amputé de la moitié de lui-même mais il vit. Tout comme Léa.

À chacune de ses venues, Laure attend de le retrouver, elle s'arrête devant les branches irrémédiablement abîmées, sans sève où il a été touché, pas une feuille n'y repoussera, aucun soleil n'en ranimera l'écorce livide qui se dresse encore pourtant, l'obligeant à lever la tête. Enfant, elle l'appelait *L'arbre aux fées*, est-ce Grand Ma qui lui en avait soufflé l'idée ? Il était blessé et merveilleux, obligatoirement sur son chemin pour aller voir une maman de marbre sous une dalle et une croix, un caveau à son nom de jeune fille la lui enlevait un peu plus ; Laure, elle aussi foudroyée. Sa mère est une réserve où elle puise. Pour Léa, elle est le chagrin qui n'a pas de mot, la trame d'une lutte intime où l'on met l'exil de côté et un soleil n'importe quoi, en ne se retournant pas ou l'enfer vous sauterait à la gueule. Made l'aura trop fixé à y chercher Nour. Comment se libérer de l'impossible ?

Laure aime à se le répéter, *Ce qui nous lie, l'arbre qui a été une fée, ma grand-mère et son enfant Made, c'est d'abriter la vie encore après la mort. D'une manière ou d'une autre on est celui ou celle que l'on n'a pu sauver. C'est plus fort que nous et tant mieux.*

Trente ans qu'elle s'interdit de raviver la douleur d'une mère orpheline de son enfant. Jusqu'à la maladie de son grand-père, pas un jour sans que lui ou Léa ne soient passés devant l'arbre foudroyé et ils allaient rendre visite à leur fille, ils n'auraient laissé aucune tache, aucune flétrissure marquer la pierre tombale. Parce que dessous reposait l'impossible ?

Jamais, JAMAIS, Laure n'arrêtera de s'adresser à Made.

Tu meurs un tout petit peu tous les jours, tu meurs là, et là, et là, tu meurs encore et tu vis. Tu as tâché de beaucoup vivre. Une année après l'autre, puis un mois, un jour, comme on fait un pas, encore un, en craignant de tomber, sauf que ça ne marche pas.

Et quelqu'un cède qui n'ira pas plus loin.

Elle remonte le cours d'un fourmillement intérieur, il n'y a rien à comprendre du geste de sa mère, ce qu'elle n'a su résoudre qui la désespérait. Ce que veut Laure ? Élucider le réel. Revenir au commencement, à la vie toute grande qui arrive et elle s'appelait Made. Comment retourner à une naissance qui nous précède ? En l'imaginant. On s'empare de beaux restes, une terre, des oliviers, une meule, une neige éternelle avant qu'elle ne soit peinte et une crèche atteint un sommet.

À ces trois moments charnières devant le Grand Dieu, le Quincaillier et le portrait de Taos, répond l'inattendu. Laure est enceinte. Son bébé n'est pas encore né, elle l'entoure déjà d'un parfum d'ambre, le vaporise sur ses poignets, les frotte sur son ventre. Troisième échographie, dessus un rêve flottant, il fait des vagues, des plissements de terrain sous sa taille, fait bouger des plaques tectoniques, la peau du ventre bien tendue.

Elle accouche et ne pouvant appeler sa mère, elle appelle sa grand-mère.

Qui parle net comme à son habitude.

— Tu as ton garçon, tu n'es pas obligée d'avoir un autre enfant, tu as un fils.

Laure découvre que Made peut encore plus lui manquer. Une existence où sa mère serait là elle n'y pense pas, mais quand son fils naît, ne pouvoir la voir penchée sur son tout-petit c'est comme si c'était hier son abandon.

Les premiers mois, elle la cherche dans les traits de son enfant, un grain de beauté à la pliure du coude gauche, les yeux verts, évidemment ses boucles, le gros orteil un peu court. Le grain de beauté elle le trouvera mais à la pliure du genou. Des yeux clairs, oui… pendant six mois, ils virent couleur écureuil comme ceux du père du petit. Quant aux gros orteils ils suivront leur chemin. Laure est une fille obsessionnelle, elle sera une mère obsessionnelle. L'enfant est là, l'arbre Made attendra.

*

Peu après la naissance, Mathilde vient voir le bébé, elle remplace Léa trop âgée pour faire le déplacement. Pendant la nuit il déclenche sa première otite, elles le veillent ensemble, impuissantes devant la multitude de cris. Une fatigue des sanglots finit par endormir le nourrisson.

Laure propose un thé, elle coupe une menthe pleine de rosée, Mathilde la trouve maigrichonne cette menthe, elle montrera à sa nièce comment la tailler. Avant de verser l'eau, la plus jeune frotte les feuilles entre ses doigts, respirer une odeur d'Algérie qui était la France pour les siens et partout en

France où ils l'ont replantée elle est l'Algérie. Elle doit obtenir des réponses ou il sera trop tard. Après Mathilde, les traces par trop effacées le seront définitivement, elle est l'ultime anneau la reliant à une mémoire interdite. Qui croirait que le temps de Mathilde est compté, elle est dans une forme stupéfiante, ne vient-elle pas de dire à sa nièce, *Quand je serai vieille*, et sa nièce de se dire, Mais tu l'es ! Mathilde est arrivée avec un Tchou-Tchou qu'elle a préparé, takfelt en kabyle, et sa nièce s'éloigne pour répéter *tarfelt, tarfelt*, qu'elle sorte de sa bouche la langue de ses ancêtres. Mathilde a aussi apporté l'arbre à médaillons donné par Léa pour la naissance de l'arrière-petit-fils, elle ne pouvait faire plus beau cadeau. Laure s'inquiète qu'il ne laisse un vide dans le vaisselier.

Il y a une tendresse dans la voix de Mathilde à évoquer ses parents.

— Un cadeau de papa à maman, elle lui avait demandé pour ses quarante ans, tout ranger. Ils l'ont ramené d'Alger.

Dix ans que Laure a acheté la maison, sa tante n'y était jamais venue. Elles ont voulu que ça change, en sont émues. Mathilde a les lèvres pleines et plates, mauves, de ses sœurs et leur père, celles de Ouardia. Un caractère éruptif, qui s'y frotte s'y pique, l'instant d'après câline, adorable, ne voulant pas forcément l'être, ne baissant pas la garde devant cette nièce qui pose trop de questions, Mathilde le lui a reproché maintes fois, pour elle comme pour Léa, les souvenirs d'Algérie sont bien où ils sont, loin derrière, et ils ne pourront pas les rattraper.

Sauf ce matin. Il a fallu tant d'années à la fille de Made pour oser. Oser dire, *Made*.

Une table contre une fenêtre embuée, condensation d'une nuit entre chaud et froid, une brume monte du sol, elle habille un lointain, se faufile entre les arbres. Ceux issus d'un même passé, qu'ont-ils de plus essentiel à dire que les leurs dès lors qu'ils se retrouvent ?

La fille de Made prêche le faux sachant le vrai.

Sa famille s'est camouflée, elle aussi.

— On est typés, ça vient d'où ?

— Comment ça ?

— Il n'y a qu'à regarder les photos de vous enfants, naître dans un pays ne suffit pas à donner à un pied-noir les…

— N'importe quoi ! Où tu as été chercher ça, on n'est pas des pieds-noirs on est…

Mathilde s'arrête net, elle n'en dira pas plus, voudrait ravaler ses mots, involontairement débordée par la vérité. À cause de la nuit blanche au-dessus du nouveau-né ? Une impuissance à soulager le bébé ? S'y sera ajoutée une inquiétude devant l'inexpérience de sa nièce en mère novice.

Où Laure a été chercher qu'ils étaient pieds-noirs ? Mais dans la messe dominicale, les prénoms chrétiens. Une défiance pour ne pas dire un rejet envers les Arabes, la langue kabyle abolie.

Elle invite Mathilde à la suivre.

— Viens, je vais te montrer quelque chose.

Elles sont devant les six, fameuse haie d'honneur. Dans quelques années, Laure observera son enfant jouer avec les oliviers et s'y mesurer. Il les enlacera l'un après l'autre comme un membre de la famille, posera une joue contre leur tronc, ventre collé, mieux adhérer. De la même écorce.

Pour l'instant il est dans un couffin, et c'est Mathilde qui leur fait face.

— Les six ont chacun un prénom, dedans il y a le tien.

— Tu es folle !

— Ils sont arrivés ici en même temps que moi, il en manque un.

— Qu'est-ce que tu racontes ?

— Qu'ils seront sept, le dernier viendra de La Ferme.

— Quel besoin tu as de ramener un olivier de là-bas ! Tu es trop compliquée toi. Laisse donc ce qui est terminé.

— Si tu ne me parles pas de l'enfance de ma mère, elle restera une inconnue.

— Hum…

— Et le fennec ?

— Quoi le fennec ?

— Maman a bien eu un fennec ?

— Pas elle spécialement.

— Mais alors le fennec ce n'était pas à La Ferme.

— Non, à Alger. On l'a eu trois jours.

— Trois jours !

— On l'avait installé sur la terrasse avec une caisse, ce n'était pas un animal commun, des voleurs l'ont pris. Maman était bien contente, elle n'en voulait pas.

— Tout comme elle ne voulait pas être kabyle. Le fait d'être chrétien vous vous sentiez…

— Pas du tout.

— Mais par rapport aux pieds-noirs.

— Y avait aucune différence ! On ne faisait pas ressortir qu'on était kabyles, pour nous on n'était pas kabyles, on était français et puis c'est tout.

— Tes parents ils parlaient kabyle ?

— Bien sûr qu'ils parlaient kabyle.

Il y a des questions qui dérangent Mathilde, elle répond du tac au tac, comme on se défend de qui attaque. Chacune campe sur sa position, l'une qui rechigne à trop en dire, l'autre voulant savoir depuis si longtemps.

Butée mais pas hostile, Mathilde accepte leur échange, s'y contraint.

— C'est pas comme toi en particulier qui fais ressortir ce truc de kabyle. Tu es la seule à vouloir, à… chercher. Tout le monde n'est pas comme toi heureusement.

— Heureusement ?

Elles rient, le feraient bien durer ce rire, il y a entre elles une tension et une affection.

— Je ne le fais pas ressortir, c'est jusque quelque chose qui est réel, non ? Qui a existé.

— Oui mais je te dis que nous on ne l'a jamais ressenti, on ne s'est jamais sentis kabyles au milieu des autres, on était comme eux, français. On était des Français, voilà. On n'était pas des… Kabyles.

— Les autres, c'étaient des pieds-noirs ?

— Oui, oui, oui c'étaient les pieds noirs, des Espagnols, des Italiens, ma meilleure amie était juive, on s'entendait très bien.

— Quand tu étais gamine, on te faisait des réflexions sur le fait que tu étais typée ?

— Jamais. Mes sœurs je ne sais pas, moi personnellement jamais.

— Pourtant avec vos cheveux bouclés, on…

— Là-bas tout le monde avait les cheveux bouclés ! T'es marrante, les Espagnols, les Italiens, on était tous logés à la même enseigne.

— Votre nom pouvait faire pied-noir, mais celui de ta mère Aït Elh…

— Mais personne ne le connaissait ! Il n'y avait que nous qui le connaissions.

Au cours de ses recherches, Laure a fini par tomber sur le nom de jeune fille de Léa, il ne laisse aucun doute sur leurs origines.

— Vous êtes à Alger, cinq adolescents, la guerre arrive, ça a bougé quoi pour vous ?

— Il y avait le couvre-feu, et puis voilà.

— Vous ne vous inquiétiez pas ?

— Nous non justement, c'était ça le souci de maman, ses cinq enfants et on n'était pas prudents. On voulait continuer une vie comme avant. L'attentat du Milk Bar, ta mère était en route pour y manger une glace, après ça, maman n'a pas cessé de trembler.

— Vous n'étiez pas politisés.

— Je me souviens de 58 quand De Gaulle est venu, il y avait des militaires plein les rues.

— Ta sœur aînée, comment elle a rencontré son mari ?

— Elle l'a rencontré où elle travaillait, il était militaire. Avec mes sœurs on avait passé des vacances en France dans le château des parents de son fiancé grâce à notre paroisse, mais ça bien avant qu'ils se connaissent, c'est là que j'ai fêté mes quatorze ans.

Un château lié à l'OAS. Énième paradoxe d'une famille.

Au cours de ses recherches Laure a lu dans un article du *Monde* daté de 63 qu'une cinquantaine de gendarmes et policiers y ont fait une descente croyant y trouver le colonel Chateau-Jobert, proche des généraux Challe et Salan, elle sent qu'elle ne peut l'évoquer avec Mathilde, il y a des terrains minés. Elle sait que l'aînée des *pénibles* a épousé à Alger en 1960 un jeune militaire, fils d'un ancien résistant devenu haut gradé de l'armée aérienne française, volontaire pour combattre en Algérie. Il est aussi le frère d'un sous-lieutenant abattu en 58 près de Tibhirine par les fellaghas, à vingt-quatre ans. Et le fils vivant ne trouve rien de mieux qu'épouser une Kabyle ! Autant dire une indigène. Le père, futur membre de l'OAS, ne décolère pas, il renie le rejeton qui lui reste, on ne l'abuse pas, l'identité originelle ne s'efface pas avec une naturalisation française. Et on s'unit à eux ? Chrétiens ou non, ils restent l'ennemi.

— Qu'est-ce qui vous a déterminés à quitter l'Algérie ?

— Maman se faisait du souci tout le temps, et le médecin a dit à papa, *Si vous voulez retrouver votre femme en bonne santé, il faut vous en aller.*

Mathilde marque une pause, Laure sent qu'Alger est entré dans la pièce, sa tante se remémore la dernière messe de Monseigneur Duval à laquelle ils ont assisté, à la fin l'archevêque les avait reçus avec quelques fidèles, *Une communauté fort croyante*, précise-t-elle, et que cet homme courageux leur a dit qu'ils avaient trop attendu pour partir, qu'ils n'étaient pas protégés. *Pas plus tard que la veille, papa avait su qu'une descente avait eu lieu dans le village où il était né, où mon grand-père était né, mes oncles, leur mère.* Mathilde précise que son père avait dû affermir sa voix pour décrire les hommes alignés contre un mur du matin jusqu'à la nuit et le soleil avait eu le temps de taper. Les militaires avaient fouillé, cherché dans les maisons, voulant trouver un coupable pour un de leurs lieutenants égorgé, il sortait de l'école militaire. *À quel âge on est un homme, Monseigneur ?* a demandé papa. Il a ajouté, *Des enfants de sept ans étaient contre ce mur, mains sur la tête. Je prie mais elle est où la… Je ne sais plus comment l'appeler.*

La justice divine ? C'est ça qu'il n'a pas voulu demander ? complète Laure.

Et elle, elle veut quoi ? Arrêter de malmener Mathilde en l'obligeant à se souvenir ? Non.

Elle lance un nouvel hameçon.

— La traversée en bateau l'été 61 vous êtes…

— Sur le *Kairouan*. On était tristounets mais bon, allez hop ! on allait vers une nouvelle vie.

— Quand vous avez quitté l'Algérie votre vie a vrillé tout de même.

— Nous les enfants ça allait on était jeunes, contents d'être à Paris ou ailleurs, on a travaillé. Pour nos parents c'était plus difficile, papa a ouvert une quincaillerie. Mais une quincaillerie avec les hypers qui sont arrivés juste après, comment en vivre ?

La fille de Made revoit son grand-père faire l'inventaire de son stock, comptant, recomptant chaque clou.

— Maman n'avait jamais travaillé. Ici elle tenait son petit magasin, vendait des gaines, du linge de corps, alors quand elle voyait entrer sa meilleure cliente, une gardienne d'enfants de la DDASS avec un chèque pour les habiller tous, maman était contente.

Laure se souvient des tubes de crème découpés pour ne rien en perdre. Celui pour les mains dans le tiroir du meuble de la cuisine, elle trouvait cela ingénieux sans que ça l'effleure que c'était par économie.

— Ils ont enduré les privations et le froid. Les dix premières années en France ils n'ont pas chauffé les magasins l'hiver par manque d'argent, ne se sont jamais plaints.

Laure a tendu des perches, s'il y a feinte c'est de ne pas laisser voir ce que cela provoque en elle, une attente persistante. Le laconisme de sa tante est éloquent, ce n'est pas qu'elle ne *veut* pas, elle ne *peut* pas.

La transgression est insurmontable, elle est chamboulée par les questions de sa nièce, ne veut rien en montrer, à la fin elle conclut.

— Je ne t'ai pas parlé de l'Algérie, je t'ai parlé de la famille.

D'un temps qu'ils ont fui.

Le soir, les deux regardent *Le Train*.

Laure ne se lasse pas d'admirer la femme sur l'écran.

— Qu'est-ce qu'elle est belle Romy Schneider d'être émouvante.

C'est Mathilde qui a le mot juste.

— C'est parce qu'elle joue bien qu'elle est si belle.

En entendant la locomotive, elle murmure, *Ça me rappelle celle du train qui nous emmenait chez mon grand-père en Kabylie.*

Et son visage s'éclaire.

Garder ce qui disparaît c'est l'œuvre d'une vie. C'est notre enfance.

Celle du fils de Laure sera pleine de nuages qui rendent heureux et font des histoires. À son petit, elle raconte que les nuages sont les rêves des gens.

— Des rêves qui se sont échappés.

— Échappés d'où, maman ?

— De leur tête, de leur nuit, regarde, celui-là est un rêve colère.

— Parce que le nuage est tout rouge ?

— Oui. Ou alors… il pourrait être amoureux.

— Amoureux comme toi et papa ?

— Pas autant.

— Pourtant vous êtes pas aussi rouges.

À force de les regarder, de prêter aux nuages notre imagination, on ne les craint plus, ce qu'elle aimerait apprendre à son fils.

Ils sont dans un hamac, l'enfant contre son ventre, les nuits d'été ils s'y endorment à regarder tant et tant les étoiles filer dans le noir.

— Maman, j'entends ton cœur.

— J'entendais le tien et tu étais… grand comme ma main.

— C'est possible ça ?

— Oui.

— Moi aussi je rêverai un jour et les nuages sortiront de ma tête ?

— Tu rêves déjà mais ils ont besoin de muscles pour s'envoler.

— Ah.

Le hamac finira par céder sous leur poids. Le coton moucheté de moisi usé par des années de pluie et de soleil craque sous le corps de son grand fils, il a déjà neuf ans. Laure l'aurait volontiers tenu un peu plus contre son ventre, elle continuera de lui raconter le ciel, ils s'allongeront dans l'herbe et quand elle tournera la tête, elle verra d'un côté son garçon et de l'autre un emplacement toujours vide dans l'alignement des six oliviers. Son enfant en a fait une cabane, un temps, et tous les petits cailloux, les pierres précieuses d'une minute y sont encore, dans des renfoncements qu'il a creusés et il s'en persuadait, *Tu as vu, maman, je fais une maison avec des étages pour mes pierres.*

Elle ne lui a pas parlé de l'arbre Made.

Son obsession magnifique, Laure la garde pour elle.

Ils sont sous un ciel minéral d'automne indien, il n'a pas plu depuis… elle a arrêté de compter, la nature est sur un qui-vive.

Au-dessus de leur nez, il y a un rêve fleur.

— Regarde le nuage pivoine.

Rose et pâle, éclos sur un azur, l'intensité des teintes, une pureté, l'énormité des pétales émerveillent.

Son fils joue le jeu.

— Ce sont des pétales de ciel ?

— Oui.

— Je ne pourrais pas la voir un tout petit peu ta maman Made, juste une fois.

Ce n'était pas une question. Peut-être un rêve que son fils aura fait.

On plante un arbre pour une naissance et on le regarde grandir, on veille sur lui. On attend de ses racines qu'elles le protègent de toutes les tempêtes, de la soif, année après année. L'origine d'un arbre quand on le voit pousser en même temps que son enfant devient histoire, l'arbre incarne ce que l'on a voulu de plus beau, de plus résistant, de plus vivant, aucun ciel ne l'aura foudroyé. Aujourd'hui ils sont trois à prendre soin des oliviers devant la maison. Au géant du coffre de sa mère, Laure en a ajouté deux, l'un est en pleine croissance, il voudrait dépasser son père. Et parfois ça la traverse, en lui donnant Alalame Léa a tout permis.

Ce n'est qu'à son retour de Kabylie que Laure a appris qu'un frère de son grand-père avait publié plusieurs livres. Dans la famille, tous l'appellent Luc, pourtant il signe ses romans Ali. Luc est Ali. On parle parfois de Luc, jamais d'Ali. Et tout est froid du passé. C'est encombrant un écrivain et les siens veulent se fondre dans la masse, ne rien dire de qui ils sont.

Le Ali de Luc, sa grand-mère le présente comme une lubie de son beau-frère pareille à la lubie qu'il a d'écrire, sous-entendu un scribouillard, auteur de textes dispensables à remuer ce qu'il ne faut pas. Laure a acheté les livres, les a rangés dans sa bibliothèque sans les ouvrir, il va jusque-là l'interdit ? Ou était-ce pour mieux imaginer ?

Enceinte elle s'est enfin décidée à les lire, et son grand-père lui a semblé sortir des pages, l'encourageant, l'absolvant.

Ali l'a écrit, « *Le parler berbère de mes parents a été mon premier moyen de communication et d'échange. Mon entrée à l'école française a revêtu pour moi un caractère singulier : on m'y envoyait en quelque sorte pour y désapprendre ma langue afin de m'initier à une autre ; tant et si bien que dès que j'ai pu balbutier un peu de français, on m'a interdit le kabyle dont l'usage était sanctionné comme une inconvenance, une faute.* »

Ali, depuis qu'elle connaît le prénom kabyle de ce grand-oncle, Laure le prononce régulièrement tant il est incongru dans une fratrie aux prénoms des disciples. Son grand-père aura lu les livres du petit frère, gardant pour lui tout ce qui déboulait dans sa mémoire. Comme Ali, il aura rencontré « *le frère de grand-tante Aldja, celui qui s'était porté chez les Ath-Mençour, avec les hommes valides du village, pour barrer la route à Bugeaud (il prononçait : Bijou)* ».

Le pouvoir des livres, elle décide que Grand Ma, dont elle ignore le prénom, sera Tala, la source. *Mon conte est comme un ruisseau, je le déroule comme un long fil,* ainsi s'achèvent les contes berbères de Kabylie. Que fait-elle la fille de Made si ce n'est tirer sur un fil ? Comme un photographe ferait le point et révèle ce qui serait resté flou. Son arrière-grand-mère en évoquant ses photos parlait *d'instantanés de vie.*

Que sont-elles devenues ses images ? Restent les livres du grand-oncle. Sur un moteur de recherche, Laure tape *Ali* et le nom de jeune fille de sa mère. Ce qu'elle lit la submerge, elle découvre six minutes filmées d'une émission datant de 1982, regarde avidement, cherche dans Ali les traits de son grand-père qu'elle retrouve, quelque chose d'avéré qu'ils ont en eux. Elle est devant une offrande inattendue, à la mesure des limbes d'où elle lui parvient.

Laure en éprouve une fièvre et un malaise mêlés. Pourquoi seulement maintenant ? C'était pourtant sous ses yeux. Elle multiplie les entrées sur la Toile, est prise d'un vertige de tout qui était là, l'attendait. Sans doute il lui fallait d'abord chercher par elle-même.

Dans une interview son grand-oncle évoque son premier roman et semble s'adresser à elle, *J'ai transposé des images, opéré des transfigurations à dessein. Mais tout ce travail de fiction ne sert qu'à canaliser l'évènement authentique qui forme la trame du livre.*

*

Avec Mathilde elles n'ont plus évoqué la Kabylie depuis la nuit de l'otite il y a maintenant treize ans, mais ce qu'elles se sont dit alors continue d'être un bruissement en Laure. Avant que sa tante ne reparte, elle avait tenté de lever un énième mystère, un œil sur Mathilde, un autre sur la bibliothèque où s'alignent les livres des Amrouche collés à ceux d'Ali qu'elle venait de lire.

— J'ai encore une chose à te demander. Toi et maman, vous aviez un prénom kabyle ?

— Pas du tout !

Pourquoi cela restait si difficile alors que c'était une question de rien ?

Elle se mêlait de ce qui la regardait après tout. Après tous.

— Pourtant Taos Amrouche, c'était Taos et Marie-Louise.

— Mais ce n'est pas notre famille !

— Ils ont été christianisés en même temps, dans le même village, la sœur aînée de ton père s'est mariée avec le fils aîné des Amrouche, leurs enfants sont vos cousins et on n'a rien à voir avec eux ?

— On ne les connaît pas.

— Et Ali, ton oncle ? Il avait bien un double prénom. Luc et Ali. Le prénom chrétien et le prénom kabyle. Ton père aussi alors ?

Mathilde n'en avait pas démordu, l'assurant à sa nièce, il n'y avait pas d'Ali. Luc était son seul prénom.

— Ali, c'était un prénom pour écrire.

— Un pseudo.

— Oui c'est ça.

Elle avait beau l'affirmer, Laure savait que c'était faux.

Sa tante n'arrivait tout bonnement pas à le dire.

En douceur la douceur, ou à toucher ce que l'on ne doit pas révéler, elle verrait les furies fondre sur elle. Sa question, Laure la poserait de toutes les manières et autant de fois qu'il le faudrait.

— Donc maman, elle avait ou pas un prénom kabyle ?

— Non !

— Mais le frère de ton père, oui. Leur génération l'avait ce prénom. Pour la plupart des Français, les Kabyles et les Arabes ce sont les mêmes, ils ne font pas la différence, ta mère voulait que vous soyez acceptés en arrivant en Fran…

— Oh bien avant ! À Alger déjà.

— Suite à ce qui était arrivé à La Ferme, ne pas permettre que cela recommence.

— Oui. Après La Ferme c'était fini, maman ne voulait plus payer pour ça, nos origines.

— Ton père, il avait un prénom kabyle.

— …

— Tu le connais ?

— Non, je ne le connais pas.

— Tu te rends compte, tu es sa fille et tu ne connais pas l'autre prénom de ton père.

Une chape de silence, fondations d'une famille qui s'est construite dessus, on arrive bien à bâtir sur un vide. Mais ce moment aura existé quand lançant, *Après ce qui était arrivé à La Ferme*, Laure a obtenu un, *Oui* sonore, tangible. Oui, La Ferme leur a été enlevée. Et cela reste impossible d'en parler.

Elle n'a jamais arrêté de penser à ces mots du Quincaillier, *Après ce qui s'est passé.*

Made et Nour en sont l'écho.

Été 1954

Aujourd'hui est un jour spécial. Au début de la journée pour la meilleure des raisons, à la fin pour la pire.

Tous, qui vont prendre la route, l'ignorent.

Ne restent à La Ferme que Grand Ma et sa fille avec à son sein *le petit père,* Léa a gardé les yeux ouverts une partie de la nuit, réveillée par un mauvais rêve, le berceau avalé dans le noir, elle a cru son bébé dans un entonnoir et il resterait coincé, si petit mais il ne passait pas. Elle en est oppressée, l'a raconté à sa mère, Dihya était là, elle y a vu un mauvais présage et Grand Ma a décidé que sa fille ne monterait pas dans une voiture aujourd'hui, les deux ne bougeraient pas de La Ferme et garderaient le nouveau-né, elles iraient à la mer une autre fois. Léa bien contente de s'épargner cette virée aura encore plus son fils pour elle, il ne sera jamais assez, cet enfant. Son premier, la nuit l'a englouti, *Elle me l'a pris. Joseph*… qui a eu froid, en est mort sans avoir eu le temps d'être baptisé. Un coup de gel au milieu du printemps, la belle-mère n'avait pas voulu rallumer le feu. L'enfant a fait comme un fruit qui a goûté trop tôt au soleil et un givre le glace. Comment on se défend après ? *Joseph,* Léa a besoin de l'appeler encore son tout-petit et parfois ça la prend, la peine incontrôlable, elle se réfugie où elle peut, au milieu de ses bocaux, pleure, ne laisse personne évoquer l'absent. Un trésor il ne faut pas en parler ou on vous le vole. Grand Ma et Made ont de semblable de vouloir à tout prix essayer le bonheur mais on n'a aucune prise dessus. Léa aussi a essayé, réessayé, pendant dix-sept ans, jusqu'au *petit père,* mais il en manquera toujours un. Dieu a pris son premier, il n'en prendra pas un deuxième, et elle prie. Prie pour sa famille, pour son dernier né, prie pour Coco, parce qu'il l'a portée enfant et elle se sentait plus heureuse de le monter, comme il l'a emmenée loin. À présent il est une vieille carne qu'on regarde s'éteindre bien trop doucement. Petite, elle s'éloignait avant de grimper dessus, ne voulait déjà pas qu'on la voie couchée sur son cheval, elle et lui au-delà des arbres. Elle s'accrochait à sa crinière, n'était plus une fille, elle était le vent avec des cuisses, elle était Coco. Et tâchait d'enserrer la panse de l'animal, jambes plaquées contre ses flancs, ou alors c'était la vitesse, les oliviers arrivaient bien trop vite, la nature leur caressait le ventre. S'il avançait au pas elle comptait, recomptait les oliviers, se trompait, recommençait. Elle aimait ne pas y arriver, cela voulait dire qu'il y en avait beaucoup.

Après avoir monté Coco, elle ne se lavait pas les mains pour garder son odeur, s'endormir dessus, les paumes cuisantes d'avoir retenu son cheval si fort. C'est loin tout ça.

Ce sont les étés de l'enfance passés ici chez son cousin, et elle avait décidé qu'il serait son mari.

Le petit père elle le porte comme hier une gamine était portée par un monde connu d'elle seule.

*

Made, la ribambelle de tatas et de tontons, les cousins et *les pénibles* ont trouvé place dans la camionnette et les voitures sur le point de démarrer. Au moment de partir Mathilde se foule la cheville, elle retarde tout le monde, pour une fois ce n'est pas la plus jeune qui se fait remarquer. À part Grand Ma, ceux de la famille sont prompts à juger Made, ils lui reprochent d'être trop visible, trop remuante, trop curieuse, trop tout.

— Papa, comme il y a une place de libre on peut emmener Nour.

Elle n'a pas dit, *pourrait*, la cheville de Mathilde lui sauve la journée, Made n'arrivait pas à se réjouir de cette première fois à la mer sans son amie. Son père hésite, se tourne vers sa femme venue récupérer l'éclopée. Avant que Léa ne refuse, Grand Ma engage Nour à monter dans la voiture.

— Allez ma belle, il ne manque que toi, tu as un maillot de bain ?

Évidemment non. Le père de Nour à qui on a demandé d'enlever la poussière de la carrosserie – et dans trois minutes il y en aura autant à rouler dedans – tourne son nez, sa fille en maillot de bain !

Grand Ma a le dernier mot.

— On s'arrangera.

Il se tait, ne contredira pas la mère de la patronne, fixe longuement sa fille, aucune parole n'est nécessaire, elle a compris, elle ne se baignera pas dévêtue.

Les adultes sont dans les voitures, plus confortables, les plus jeunes dans la camionnette, bâche baissée, le soleil tape, la vitesse leur souffle au visage un air si brûlant qu'il sèche la sueur, direction le cap Carbon, ses criques.

— On trouvera bien un peu de sable, leur garantit celui au volant. Ce phare est un des plus hauts du monde, il porte jusqu'à cinquante kilomètres, vous vous rendez compte ?

Made s'en fiche un peu du phare et même beaucoup, ce qu'elle veut c'est toucher la mer. Elle ne sait pas nager, a décidé que ce soir elle saurait. Elle ne regarde rien qui défile sous ses yeux, ne fait que ressentir la cuisse de Nour collée à la sienne sur le siège en bois, en est occupée. Son cerveau en surchauffe, à toujours essayer plein de combinaisons silencieuses, élaborer des possibilités, tout imaginer. Penser systématiquement à la suite et elle aura augmenté la taille des journées, sous son contrôle, elle a l'âge de le croire, en est soulagée. De quoi ? Elle ne sait pas, c'est à l'intérieur d'elle, sa tête turbine, un mot qu'elle a chipé à l'une de ses tantes qui ne peut croiser un ouvrier du domaine sans demander, *Alors ça turbine ?* Ils ne répondent jamais. Made écoute, ne dit rien, ne change rien. Est-ce que c'est lâche de seulement écrire ?

Et on noircit ce qui serait resté un blanc.

Pourquoi pourquoi je me bouche le crâne ?
D'avoir les oreilles qui entendent trop
et puis ça passe, c'est dégueulasse.
Dans ma tête ça fait un drôle de bouillon.
Je vois flotter des morceaux de Nour,
son genou avec la minuscule boursouflure en étoile
privée d'un éclat.
Pourquoi pourquoi son œil liquide cuit à feu doux ?
Entier mais sans paupières, sans cils papillon.
Pourquoi pourquoi le bouillon a si bon goût
et il ne devrait pas.

Made est une voleuse d'abandons, ce qui fait d'elle une petite personne singulière, comment le faire comprendre à Léa ? Bien sûr Made aime sa mère, bien sûr elle a besoin d'elle mais pourquoi c'est si compliqué de ne pas se bagarrer, même en sourdine ? Une mère-reproches dès qu'elle s'en approche. Est-ce qu'un enfant peut apprendre à ses parents à changer, améliorer l'adulte ? Elle demandera à oncle Luc, on le tient à l'écart, ou alors c'est lui qui s'y tient tout seul, et à ses poèmes. Quand il en parle personne ne l'écoute vraiment sauf Grand Ma, ils ont des conciliabules. Chaque fois qu'oncle Luc ouvre la bouche, Léa s'agite, elle n'a pas du tout confiance dans la poésie, *Des sornettes*, dit-elle.

Made rejoint Luc en cachette, le regarde écrire, avoir le droit de croire que c'est une vie possible, elle ne le distrait pas, aussi concentrée que lui à trouver ce qu'ont de foudroyant les mots. Ça ne la quitte pas, les dérouler, se livrer à eux, ne pouvoir faire autrement, être une clé pour ouvrir la serrure d'un monde enfoui en nous, et sans limite.

Elle en a trouvé l'entrée, la mer sera son premier poème. Elle l'offrira à Nour, ne sait pas encore qu'elle pourrait lui dédier.

*

Les voitures se garent, tout le monde descend, se précipite vers la plage, sauf Made.

Nour reste avec elle, les autres rouspètent.

— Vraiment tu ne peux pas faire les choses comme tout le monde ? Tu nous embêtes à la fin ! Qu'est-ce qu'elle a encore inventé cette gamine ?

Elle a inventé de ne pas regarder la mer, pas avant d'y être entrée. La sentir encore plus parce qu'elle ne l'aura pas vue, pas mesurée, il n'y a qu'une première fois. Elle attendra d'y être entrée jusqu'aux genoux et elle ouvrira les yeux. Qu'ils aillent devant, eux, Nour la guidera. Made aime avancer en aveugle, paupières baissées, elle est forte à ce jeu-là. Dès l'instant où on ne le voit plus l'espace devient un danger, paraît comme Mars ou la Lune, attirant, on veut y aller même si c'est effrayant. D'habitude c'est en terrain connu autour de La Ferme, les premiers pas sont faciles, elle en fait sept, huit, sachant bien qu'il n'y a aucun obstacle, arrive au point où elle ne peut plus avancer, se raisonne, hésite, paralysée, persuadée de tomber. C'est entre elle et elle. Ce que Made voudrait ? Dompter sa volonté qui l'oblige à vérifier que c'est sans risque.

En se tenant à Nour, elle est obligée de la suivre, elle n'avait jamais marché sur autant de sable, d'avoir les yeux fermés avec en tête les photographies de Grand Ma lui donnent l'impression du Sahara. Qui l'emmène à la mer.

Elle a commencé son poème.

— Tu me diras, Nour, avant qu'on touche l'eau ?

— On y est dans… cinq pas mais pas des petits.

— J'ai mon maillot de bain, j'aurai juste à enlever ma robe. Tu fais comment ?

— Je garde la mienne, autrement mon père ne serait pas content.

— Il n'est pas là ton père, personne lui dira.

— Oui, mais moi je sais qu'il n'aimerait pas.

— Ils sont déjà dans l'eau, tous ?

— Tes sœurs, vos cousines, oui. Ton père reste au bord avec ses frères et leurs femmes.

— Ils ont peur de se noyer !

— Attends, je relève mes cheveux, tu fais quoi avec les tiens ?

— Je les laisse devenir une méduse.

— On y va ?

— On y va. On s'écarte de la famille, tu veux bien ? Je ne serre pas trop ton poignet ?

Made a posé la question mais sait que son amie ne répondra pas, que c'est aussi bon pour Nour de serrer fort son poignet.

Elle sent le soleil différemment, comme si la proximité de la mer le rendait plus important. Le sable a changé sous ses pieds, il est devenu compact, elle appuie fort ses orteils, des frissons lui remontent jusqu'à la nuque. Elle ne pense plus au Sahara de Grand Ma mais au nouveau territoire plein d'un sel qu'on lui promet. Elles se sont éloignées des sons de la famille, autant d'exclamations de frousse des éclaboussures, d'étonnements craintifs à avancer vers où on n'a pas pied. La Méditerranée est plus froide qu'elle ne le pensait. Est-ce qu'on peut lui parler à la mer ?

— C'est comme tu croyais ?

— Je ne sais pas, Nour, je ne sais pas encore.

Ça y est, elles ont l'eau aux genoux, il va falloir ouvrir les yeux.

Made lâche le poignet de son amie, regarde loin, le plus longtemps ; sans bouger, sans dire un mot, devenir la mer, un corps liquide et il ne coule pas. *Tu es la mer et je te submerge*, voilà ce qu'elle lui dit. Et à son poème.

Elle regarde ses cuisses changeantes, la profondeur leur donne une autre couleur, plus pâle, plus aiguë. Ses pieds sur le sable lui paraissent loin, l'eau vient juste de passer son ventre, elle s'attrape dessous la mer, ne savait pas qu'elle avait la peau d'un poisson qui se faufile dans un courant et, *Bonjour bonsoir*, elle continue de parler à l'eau, a des mouvements lents et vagues comme ceux des Maures dans la fournaise des après-midis, on les regarde on est au ralenti.

— Made, ne va pas aussi loin, tu ne pourras pas nager.

— Je sais.

— Tu sais nager ?

— Je sais que je ne sais pas.

— Tu as essayé d'écarter l'eau ?

— Toi oui ?

— Ou de la tenir dans ton poing, elle n'arrête pas de s'échapper.

Une courte vague, un remous pâle, une lueur émeraude qui roule et les attrape.

— Made, tu as vu ? On dirait que la mer veut jouer, elle nous a souri.

Et une gamine s'interroge, est-ce qu'elle a le droit de mettre dans son poème ce qu'une autre a pensé tout haut ?

— Nour ?

— Oui ?

— Ce que tu viens de dire, je pourrai l'écrire ?

— Bien sûr.

— Tu me le donnes ?

Ah le sourire de Nour, elle le mangerait, n'en aura jamais assez.

— Je vais écrire un poème et il sera pour toi.

— D'accord. Je peux choisir comment il s'appellera ?

— Dis.

— *Le Trésor Bleu.*

*

Il avait bien fallu rentrer et le soir tombe, plus personne ne parle dans la camionnette, ni dans les voitures. Sauf à être au volant, on s'assoupit. La tête de Nour brinquebale sur l'épaule de Made, la journée a passé si vite, et déjà La Ferme au bout du chemin. Habituellement quand on conduit et que l'on arrive à destination, soit on ralentit, soit on accélère. Une quiétude dans l'habitacle des véhicules ferait pencher pour la première option, mais après le dernier virage une colonne de fumée atteint le ciel devant eux. Odeur de brûlé, des cris, une rafale de hurlements. Ils roulent vers des silhouettes grandissantes pliées par la peur, des flammes debout bien trop proches, plus hautes que dix acrobates qui seraient montés sur les épaules les uns des autres ; les voitures se ruent vers un feu.

Il faudra des heures pour le maîtriser, il aura eu le temps de tout brûler. De faire exploser les écorces, fendre les troncs, ils écorchent les yeux à les poser dessus. La broussaille flambe, l'incendie est une traînée destructrice jusqu'à l'huilerie et crame d'autres arbres encore, même la roche n'est qu'étincelles, une maison, le toit s'effondrent,

La Ferme part en fumée et une famille se recouvre de cendres.

Un hennissement. C'est Coco qui brûle sur pieds. La camionnette pile à un mètre de son agonie, de Léa impuissante à sauver son cheval.

Léa, prostrée. Pour mieux protéger son garçon dans un renfoncement d'elle-même ?

Grand Ma aussi est là. Et Mathilde.

Tous ont bondi des voitures, ne regardent qu'elles trois, sauves, et *le petit père*.

— Ma mère, où est ma mère ? Mon père ?

Nour, qui réclame.

Léa ne la rassure pas exactement.

— Ton père n'est pas là-dedans, je te le garantis.

— Et ma mère ?

Cette fois, Léa baisse la tête et elle baisse rarement la tête.

Grand Ma fait une erreur, elle répond, *Là*, montre l'incendie.

Avant que personne n'ait pu la retenir, Nour court vers un feu.

Une gamine qui a le temps d'arriver au bord des flammes, le père de Made se précipite.

— Attends !

Elle n'écoute pas, Nour, avance bien plus loin qu'il ne faudrait. Trouver sa mère. Et si le père de Made ne s'était arrêté de lui-même devant un brasier trop haut, elle l'aurait mordu le m'tourni – elle ne l'appelle jamais autrement dans sa tête.

Les flammes font barrage, il est à deux doigts de la saisir, la petite s'arrête, il la retient, suffoque, s'interpose entre elle et le danger.

— Allez viens.

Leurs habits fument, ils font marche arrière, mais Nour lui échappe, plonge dans un feu. Elle pourrait être sa fille, il ne va pas la regarder brûler. Dans un sursaut il l'attrape, ne la lâchera pas, une odeur nouvelle l'assaille d'une bête qui rôtit. D'autres mains finalement les secourent, les tirent de là.

Il faudra plusieurs adultes épouvantés aux prises avec le bras de Nour pour que son épaule, son coude, son poignet s'éteignent, l'enfant n'a plus l'air vivante et elle respire. On ne laisse pas approcher Made. Elle voit son amie séparée de la vie qui était la leur il y a cinq minutes.

Le temps de perdre sa mère.

De sentir sa chair fondre, une mixture de malheur et de douleur. Et on se réveille dans une autre existence qui ne sera plus que ça, être infirme.

Le père de Made roule déjà vers le dispensaire, il prie pour la gamine évanouie sur la banquette arrière. On l'a tant bien que mal calée contre un adulte, atténuer les chocs de la route. Sur le siège avant, le frère aîné de Nour. Pas un son ne sortira de sa bouche.

Avant que la voiture ne démarre, nul n'a osé effleurer ce qui est une grimace dès que le regard s'y pose, un reste de bras.

Ils partent à quatre, reviendront à trois.

Une nuit passe. À espérer, redouter, se maudire et maudire. Made, Léa et Grand Ma, tous du domaine guettent leur retour.

Ces heures laisseront en chacun une lave d'ombre.

Elle a le son des quintes de toux incessantes étouffant les poumons à respirer trop près de ce qui est perdu et les consume.

*

Le père de Made a-t-il préparé ce qu'il leur dirait ou est-il trop sonné pour y penser ? Il sort de la voiture, s'adresse aux muettes qui le supplient du regard de ne pas leur apprendre ce qu'il va devoir leur annoncer. C'est sa benjamine qu'il fixe. Elle a les yeux secs, pas lui. Un gosse n'a pas à consoler ses parents, c'est Nour que Made voudrait consoler, elle ne veut plus ni écouter sa mère, ni Grand Ma. Et surtout pas son père qui a fini de décrire les heures au dispensaire. Elle vient d'entendre le mot nécrose, de peau devenue un carton, pire, d'amputation à l'épaule. Made, dès cet instant, continuera de grandir avec un crépuscule au cœur, il porte un prénom, et il voulait dire lumière.

Nour, que voudrait-elle lui dire ?

Ne m'oublie pas ? Ne me laisse pas.

L'incendie n'était pas un accident, Léa raconte comment elle a menacé d'un couteau celui qui est devenu *le fellagha.* Elle n'aurait laissé personne,

PERSONNE ! toucher à son fils. L'autre la toisait, il était une menace.

— Une menace, répète Léa. Je l'ai vu comme ça, même s'il ne s'est pas approché. Je ne sais s'il ricanait, grimaçait, rien de bon en tout cas. J'ai reculé, les trois mètres jusqu'à la chambre des filles, ne pensant qu'à sauver mon petit, attraper le couteau sous le matelas.

Et elle regarde Made l'air de dire, *Elle sait tout une maman.*

Alors elle a lu, trouvé sa rédaction ? *Vous écrirez votre plus grande peur*, elles n'en parleront pas, n'en parleront jamais.

— Je ne pensais qu'à égorger le salopard et c'est lui qui a reculé, je ne lui ai pas montré ma peur.

La peur d'un qu'on veut plier à la sienne ?

On ne l'arrête plus Léa.

— On va foutre le camp ! Leur laisser cette terre de misère puisqu'ils la veulent !

Un sanglot de son père, la rage de sa femme, un dégoût, Made comprend que c'est fini ici. Elle partage une sauvagerie qu'a sa mère, *Qui s'y frotte, s'y pique*, d'habitude Grand Ma en sourit, aucun sourire cette fois, il y a juste à entourer de gentillesse une pas toujours gentille, en veillant à ne pas lui enlever son garçon des bras, le deuxième fils, le seul vivant, unique. Leur premier né, Joseph, ses parents vont devoir accepter de le laisser dans les entrailles d'une terre brûlée et on n'en parlera plus de cet enfant ou ce serait trop dur.

Il y aura les années à Alger, puis le *Kairouan*. Un aller sans retour. Avec des serins en cage, les racines de menthe à nu, des tamis accrochés avec une ficelle aux poignées des valises. À l'heure de débarquer, les pleurs de Léa se tariront définitivement. Et on devient un flacon sans parfum, une bouteille sans liqueur, un vase sans tige. Elle sera cette fleur ni fraîche ni séchée mais stabilisée, ne bougera plus.

« Pourquoi suis-je aussi gonflée de mots, aussi libre,
semble-t-il, de faire exactement ce que je veux. »

Virginia Woolf, *Promenade au phare*

Seize ans. Calculer le nombre d'années écoulées depuis Allaghane est un vertige. Il suffit d'ajouter un an à l'âge de son fils. Il a fini par ne rien ignorer de l'enquête menée par sa mère, savoir d'où l'on vient. Chaque fois qu'il l'interroge sur *Ta maman Made* et prononce son prénom, une mélancolie de Laure étincelle en elle comme un mica. Plus son fils sort de l'enfance, plus elle mesure les méandres qu'emprunte l'amour maternel. Elle a partagé avec lui sa compréhension du cheminement de Léa, ce n'est pas que l'on veut le meilleur pour son enfant, on est prêt à tout. Laure perçoit autour d'elle des reproches que l'on tait mais qui démangent, *N'est-il pas un peu jeune pour être le dépositaire d'histoires de grands ?* L'enfant se mêle, oui, plus souvent qu'à son tour de la conversation des adultes ; elle n'a pas forcément bien fait en le saturant de Kabylie.

Peut-être est-il temps d'aller chercher l'arbre Made. Sans son fils. Il en a soupé des oliviers.

C'est entre sa mère et elle.

Seize ans sans avoir revu Assia, et Ouardia est morte. La même année que Léa.

Sa grand-mère est restée dans sa maison jusqu'au bout. Même avec un poignet brisé, un coude cassé, réparant ce qui était abîmé comme elle l'a toujours fait.

Seize ans sans avoir appelé le Quincaillier. Où est-il son numéro de téléphone griffonné sur un papier ? Dans la grange ? Grignoté par les souris ? Laure en frémit, se rassure, elle n'a pu le mettre que dans le coffre, sous la protection du Grand Dieu de Séfar.

Quelques jours pour tout organiser et elle part. Le temps est venu. Une nouvelle fois elle fait la traversée.

Au retour l'arbre Made sera dans la soute du navire.

Une évidence à retrouver Assia, son profil à peine changé, plus émacié, ses boucles d'ambre. Cette fois elle l'accompagne à La Ferme et déjà les deux roulent vers Allaghane. L'aîné des frères suivra d'Alger l'acheminement de l'olivier jusqu'au port, veillera à son transport de l'autre côté de la mer. Une fébrilité de Laure reprend le dessus, et si… si on ne le lui donnait pas, cet arbre ? Si elle était définitivement l'étrangère, la descendante de m'tourni ?

Assia pour la tranquilliser imagine à voix haute ce que sera leur Tipasa.

— On s'y arrêtera en rentrant, je te l'avais dit qu'on irait, j'y ai souvent songé. Ne t'inquiète pas pour ton arbre, mon frère a appelé Mohand et a tout arrangé. Nous on fera les belles au milieu des ruines, je te présenterai l'olivier ventre du monde.

Qui veille sur les femmes et les poètes, Laure s'en souvient, et d'un va-et-vient des vagues prolongeant son feuillage, semblable à une ondulation qu'Assia lui avait décrite. Une ferveur que provoque Tipasa, un vacillement, saturé de senteurs et le vent les souffle jusque sous la mer.

Elle écoute Assia parler de la lumière particulière qui éclaire les ruines romaines, Laure y projette un désert rose et or jusqu'entre les lamelles de schiste sur de grandes parois qui s'effritent dans le Sahara.

— À Tipasa c'est la mer qui prend toute la place. Je ne nage plus depuis des années, on ne me fera pas me recouvrir d'un linceul pour en avoir le droit, sentir à chaque brasse une réprobation qui te colle, te bousille. Ils ne sont pas fous ou de bons croyants, non, ils sont faibles. Au début des années noires je nageais furieusement pour écarter un froid de leurs regards, les semer en avançant. Et puis j'ai arrêté, plus je m'éloignais, plus le large m'attirait.

Une tentation. Avant la naissance de son fils, Laure l'éprouvait chaque fois qu'elle entrait dans la mer le visage aimanté par une lave d'or ou d'argent. Être seule et cernée d'infinis. Chahutée par des vagues qui n'ont d'avenir que leur éclatement sur des rochers. Elles reviennent, sont sans fin, on nage, on devient sans limite, on peut presque le croire, les bras vous tirent par le fond, les jambes vous propulsent, pas un rayon de lumière ne s'y risquerait, les mâchoires se contractent, on approche d'où l'on vient, et il faut remonter.

— Si tu veux, Laure, on enfoncera nos talons dans le sable mouillé et quand l'eau se retire on sent un rivage bouger sous nos pieds.

Assia serre un peu trop le volant.

Des cils au menton, une eau salée suit son chemin.

— Je me contente de l'écume ou je serai une femme impossible pour ces types, une à dresser alors que pour eux tu n'es bonne qu'à terre.

Elle conduit d'une seule main, étale ses larmes de l'autre, baisse la vitre pour qu'elles sèchent plus vite, Laure hésite à effleurer sa joue, elle craint d'aller trop loin avec cette femme et s'adresse silencieusement au soleil qui décoche ses flèches de lumière, elle s'efforce de les suivre des yeux jusqu'au bout, leur cible c'est la mer, toujours la mer.

Elle se décide à frôler l'épaule d'Assia, geste à peine ébauché, un contact dont on peut croire qu'il n'a pas existé. La voiture n'a pas dévié d'un centimètre, la conductrice tient sa ligne, ni blanche ou en pointillé mais droite, même dans les virages. Elle ne touillera pas le fond d'une eau calme jusqu'à en faire remonter le soufre et une bulle éclate.

Est-ce qu'il se jette dans la Méditerranée le fleuve de la Soummam ?

Et tout serait clair.

*

Elles approchent d'Allaghane. Laure retrouve les lambeaux d'eucalyptus ; quand les oliviers domineront elles seront arrivées.

Elle ne saurait dire si le Quincaillier a changé. Il les attendait devant le garage-magasin, il y a toujours autant de poussière sur le bas-côté de la nationale, les produits à la vente en sont recouverts, des seaux et des balais.

— Vous voyez, je n'ai pas bougé.

— J'ai tardé, pardon.

— Votre arbre, il a continué de pousser.

Rebelote, elle retient un sanglot. Il y a dans cet homme la volonté de faire le mieux pour elle. Comme Ouardia, comme Assia, ses frères, et les écrivains qu'elle a lus, de bons génies.

— L'amie d'Alger qui m'accompagne est la sœur de celui que vous avez vu la dernière fois, les enfants de la dame kabyle.

— Elle était d'accord avec vous, je l'avais bien vu. Et puis… vous ne vouliez rien. Je l'avais dit aux nouveaux propriétaires.

Nouveaux propriétaires… c'était il y a soixante-dix ans !

— Je vais les voir ?

— Comme vous voulez, ils font leur travail, ils ont donné leur accord pour un arbre. Déjà quand vous étiez venue. Il y a…

— Oui ?

— Il y a quelqu'un que vous pourriez voir.
— La personne… vous m'en aviez parlé ?
— On peut la rencontrer, vous déciderez.

Arrivés à La Ferme, le Quincaillier la laisse une nouvelle fois seule avec les oliviers, qu'elle ne voie qu'eux, à un moment donné elle verra l'arbre Made. Laure veillera sur lui, il retrouvera la menthe, reconnaîtra les plantes grasses. Et s'il ne s'adaptait pas, si elle le perdait ? Il pleurerait sa sève. Elle en repère un, pourquoi celui-là plutôt qu'un autre ? Parce qu'il est à l'écart ? Que son tronc est complètement tordu ? Il a plein de repousses à sa base prêtes à vivre mais l'empêchant de se développer ; une entaille qui pourrait bien ne pas être uniquement la marque du temps. Elle détache une feuille un peu verte, un peu grise, hésite, la glisse dans ses cheveux, une tignasse toujours emmêlée, la feuille tiendra. Elle préfère ne pas assister au déracinement, suit le Quincaillier pour rencontrer cette personne dont il lui a parlé, peut-être a-t-elle connu Made.

L'endroit vers lequel ils se dirigent se trouve du côté du bâtiment où elle avait trouvé la meule la première fois, les citernes noircies. Laure ignore si elle va voir un homme ou une femme, elle a préféré ne rien demander, ignore si cette personne parle français, au besoin Assia ou le Quincaillier traduiront.

Ce n'est pas Il, c'est Elle. Les cheveux recouverts d'un foulard, le menton entièrement de henné.

Pas bien grande et pas mal vieille. Elle se tient debout, ils n'entreront pas chez elle mais la femme a posé des chaises devant sa porte, propose un thé. L'eau frémit sur le kanoun, des braises en train de s'éteindre avec à côté de petites timbales en étain prêtes à être remplies. Laure reconnaît celles dans le vaisselier de ses grands-parents, elles entouraient l'arbre à médaillons, les mêmes timbales d'un même service, qui les lui a données ? Et la menthe, ses racines, elle le devine, sont les mêmes que celles poussant aujourd'hui le long d'un mur sur le causse.

La femme la salue d'un hochement de tête, Assia pose à plat sa main sur son cœur, celle qui les attendait non. Ses bras ou ce que l'on en devine sont restés dans les plis d'une djellaba qui a vécu. De la broderie, ne reste qu'un fil d'argent comme une cicatrice sur le vêtement. Les manches en sont si amples la femme en est informe dedans, perdue.

Sur une des chaises, Laure repère un cadre avec une photo.

Deux petites filles. L'une a un ruban blanc dans les cheveux, l'autre le crâne à demi tondu. Dans cet instant qui dure où la menthe infuse et les feuilles se délient, répandent leur arôme millénaire, Laure comprend que cette photographie est la seule qui reste de Grand Ma.

Le tirage promis après l'unique séance où deux gamines ont posé.

Avant de s'asseoir la femme prend le cadre, elle le tient contre son ventre, le tient d'une main.

Ce que Laure ne peut quitter des yeux c'est le double regard de Nour.

En noir et blanc sur la photo et sur elle, il a une couleur d'ambre.

Il va tout lui dire.

Été 1954

L'incendiaire ? Made connaît la réponse.

Son père se tourne vers sa mère.

— C'était qui l'homme que tu as menacé avec le couteau ?

— Le père de la petite.

— La petite ?

— Que tu as emmenée et t'es revenu sans elle.

— Il ne t'aurait fait aucun mal.

— Aujourd'hui je le sais, hier, non. Il avait ton pistolet dans la main.

— Il n'aurait pas tiré.

Le pistolet que Made a laissé sortir de la maison sous les jupes de Dihya. Quand ce n'est pas de votre faute mais que quelqu'un meurt que l'on aurait pu sauver, on est coupable, non ? Cette question Made se l'infligera à l'envi et le morceau de burnous gardé au fond de sa poche devient son bâillon. À vouloir épargner le père elle a fait de sa fille la victime.

Qu'a-t-il voulu, lui ? Reprendre le fusil d'Omar ? Profiter que tous ou presque soient absents et le feu a pris par accident ? Ou au contraire, incendier La Ferme quasiment vide sans risquer de blesser personne ni d'être attrapé. Détruire mais pas méchamment, voilà ce qu'elle croit, Made. Et une gamine réfléchit plus loin. Il n'y aura pas de récolte, voilà ce qu'il espérait, empêcher leur huile de se vendre et leur famille ne pourrait rester. Lui oui.

Si Made avait parlé du tissu accroché à la branche d'olivier et il a donné un visage à l'ombre, si elle avait dénoncé un couple se refilant en douce un paquet emmailloté et tant pis de leur faire mal, déclencher une violence, Dihya ne serait pas… Et Nour… qu'est-ce qu'elle sera, Nour ?

Encore une question à laquelle aucun des adultes ne répondra, ne voudra répondre. Ce qu'elle veut Léa, c'est partir. *De suite !* Déjà ailleurs, où ils pourront être ce qu'ils sont, des Français.

— Je ne veux qu'une chose, sauver nos enfants.

Léa pleure, ne s'en rend même pas compte, elle pleure de peur et Made n'en perd rien, elle est entrée dans son devoir de certificat d'études. Sauf que la peur s'est déplacée, ce n'est plus la sienne de voir pleurer sa mère, elle coule directement sur les joues de Léa. La peur a changé de camp.

Elle voudrait que sa crétine d'institutrice qui a convoqué son père pour l'alerter sur l'esprit de sa fille à mieux surveiller voie combien une mauvaise note ne veut rien dire, la peur a bien un visage ; Made le savait, même son père le savait, et maintenant une maman pleure. Elle a le cou tout mouillé, il faut qu'elle arrête ou sa peur ira plus bas, tombera sur *le petit père*.

Ce trouble, d'assister au spectacle de ses mots qui avaient raison.

*

Le couteau a passé la nuit par terre, Made le ramasse dans l'ourlet de sa robe, faire quelque chose, agir. Son couteau ne tuera aucun ennemi qui sont des Kabyles comme eux. Cette lame gravera dans l'écorce un petit Made et une grande Nour. Avant de s'éloigner pour trouver un olivier, elle écoute Grand Ma raconter à son beau-fils les heures de l'incendie.

La nuit précédente c'est à Made qu'elle les a relatées.

Une grand-mère, sa fille et une gamine hébétées, assises dans une poussière. La plus âgée se tient la plus droite, habitude conservée d'une enfance dans le désert, sans siège contre lequel s'appuyer et on apprend à ne pas courber l'échine.

Le petit père calé dans les jupes de Léa est bien le seul à dormir. Leur mère a les deux mains occupées, elle n'a pas un geste pour consoler Made, elle fait mieux, et d'une phrase lui offre un réconfort inespéré.

— La mère de Nour est morte d'avoir sauvé ta grand-mère.

Grand Ma raconte la suite, et dans la mémoire de chacune il y aura une femme légendaire dont elles ne reparleront plus, y pensant si souvent.

— Vois-tu, Made, j'étais en train de m'habiller pour votre retour, une robe moins sommaire pour écouter vos heures extraordinaires à la mer. Je me régalais d'avance de ton excitation à me raconter cette journée. À mon époque si on naissait fille on restait sur le bord, la mer c'était pour les garçons, eux n'ont pas de hanches ou de seins à cacher, et toi tu allais me redonner la première fois où j'ai vu la mer à Sidi Ferruch, on s'en approchait et je le répétais comme une perruche. En quittant le désert, on s'était arrêtés dans la baie d'Alger, mon père voyait sa fille triste sans son Allemand asthmatique, il a voulu me faire plaisir avec la mer. Je vais prendre mon temps, je ferai peut-être des détours parce que… c'est dur où il faut arriver. À Nour… Dieu aurait mieux fait de prendre ma vie déjà avancée, tu ne me l'enlèveras pas de la tête, Léa, Dieu ne fait pas bien les choses.

Grand Ma se redresse encore on se sait trop comment.

Comme si sa voix devait s'appuyer à sa colonne vertébrale.

— J'ai entendu, *Au feu !* Plusieurs fois. Entendu une panique, mais tu comprends, Made, j'étais en train de m'habiller, la robe au-dessus de la tête, malhabile avec cette agitation et une odeur de fumée bien trop forte. J'ai mis le devant derrière, affolée, ne pensant qu'à me vêtir puis sortir de cette maison. Je me disais que ça prendrait une seconde, tu peux me croire je pestais. Bien sûr il aurait fallu déguerpir de la chambre immédiatement, tous étaient dehors, ta mère, les fatmas, ça toussait, se lamentait, il n'y avait que des femmes et leurs gosses ; la première à avoir vu que je manquais c'est Dihya. Léa était occupée avec le petit, c'est normal. Dihya est venue me chercher. Tu sais quoi ? Je ne l'avais jamais entendue prononcer mon prénom. Elle a surgi dans la chambre, a amené derrière elle une fumée, j'ai eu ce réflexe d'aller vers la fenêtre, ouvrir en grand, il ne fallait surtout pas, l'air aurait tout attisé, Dihya m'a retenue, elle m'a poussée dans ce qui était suffocant, incontrôlable, je résistais, sa main appuyait dans mon dos, elle était venue par là, elle me ferait sortir par là, me l'a dit. On s'est retrouvées devant une flamme bien trop haute, je l'ai vue enfler si vite, en se jetant dedans on serait dehors mais on ne passerait pas toutes les deux, il n'y avait le temps que pour une. Et cette femme pour qui j'ai si peu fait m'a d'une poussée plus forte éjectée du danger. Mon corps a suivi, pas le sien, le feu est tombé sur elle. Je mourrai avec ce bruit, le grésillement de Dihya.

Et Grand Ma touche sa tempe où des cris cognent.

Est-ce le regard dévorant de sa petite-fille qui l'oblige à continuer ?

— Et puis… je ne peux pas ne pas le dire. Ce n'est pas seulement cette robe imboutonnable mais le Leica, toutes mes photographies, celles d'Oskar, j'ai voulu les sauver et il n'y a plus rien. Cette seconde où j'ai hésité, n'ai pas suivi Dihya, lui a coûté la vie. J'avais tellement d'images d'elle, ne me reste que celle d'une torche vive.

Léa poursuit à voix basse, ne pas réveiller le bébé.

— On l'a vue se sacrifier, être en flammes et avoir encore la force d'essayer d'en sortir mais le feu ne la lâchait pas. Comme s'il s'agrippait à tout ce qu'il pouvait brûler qui était l'horreur et nous on ne pouvait rien faire que regarder.

Léa ne s'adresse plus à Made ou Grand Ma, elle parle au gâchis, à ses torts d'avoir tant rabroué celle qui se sacrifie, l'avoir dédaignée. Elle parle à des flammes qui continueront longtemps de crépiter dans sa tête où sa mémoire n'arrivera pas à se débarrasser de Dihya prise au piège.

Léa dans sa maison en France de l'autre côté de la mer et des kilomètres de temps la sépareront de sa première existence, ses yeux ne verront plus si bien mais elle continuera de voir la femme attrapée par les flammes, leur crescendo délirant donnant au feu sa vitesse, le bûcher sans limite.

Elle ne pourra plus se réjouir d'une flambée dans une cheminée, et aux veillées de Noël où des braises ravivées chauffent la nuit et un foyer, le calvaire de la mère de Nour ne l'autorisera pas à s'y réchauffer. Elle lancera le feu, s'en écartera, se détournera d'un bois brûlé, autant de rangées d'arbres devenus des troncs noirs, spectres encore verticaux et écorcés, leurs oliviers.

Ce lamentable lendemain de l'incendie, Made désire plus que tout retourner dans la journée d'hier au bord de la mer et elle tenait le bras de Nour pour avancer. Ce bras tout noir déposé comme un animal mort sur le siège arrière de la voiture avec au bout son amie évanouie.

Made ne savait pas que l'on avait autant de fumée dans la peau. Est-ce qu'on arrive à garder l'équilibre avec un bras en moins ? Elle espère du dispensaire qu'il limitera les dégâts. Une réparation.

Elle oblige son esprit à revenir quand elle avançait avec Nour vers la mer, l'eau les enserrait, les poussait à se rapprocher mais Made avait lâché le bras de son amie et continué seule, jusqu'à sentir ses cheveux devenir lisses au contact de l'eau. D'un coup ils avaient poussé dans son dos, si longs enfin, comme dans Alchérie.

Elle y arrive, ne plus avoir devant les yeux des lendemains calcinés mais Nour dans sa robe, la dernière que Made lui aura donnée. Elle la préférait sur son amie, regardait le tissu fleuri piqueté de rouge et or bouger sur elle, une robe fleur. Quand Made la portait, son index en suivait les pétales, leur contour, surtout où des seins finiraient par pousser, ils tardaient ; ceux de Nour déjà éclos, la robe en était toute changée. Même sans aller bien loin dans l'eau en remontant la robe, son ourlet s'était raidi de sel. Avant de monter dans la camionnette les deux l'avaient frotté petit bout par petit bout, tissu contre tissu, il n'y aurait pas de vêtement salé sur de nouvelles courbes et un père à leur arrivée n'en serait pas offensé.

Sur le trajet du retour, le front de Nour assoupie était devenu plus lourd sur l'épaule de Made, elle, n'avait pu céder au sommeil, tenaillée, stupéfaite, par un désir si neuf, si subit, elle en avait mordu l'un des pétales à l'encolure de la robe, aucun sang ne coulerait, pas une fleur n'avait bougé du tissu, ne la trahirait.

Il ne reste rien de la Nour dessinée sur la planche en bois sous un visage miroir et Made avait collé les cheveux tondus de son amie, se voyant elle.

En approchant des cendres chaudes elle ne trouve rien d'épargné, n'arrive plus à enlever cette odeur de fumée sur elle, une fumée pleine de chair brûlée. Made pense aux jambes d'Omar, qui s'occupera de lui désormais ? Il se tient moins droit contre le tronc d'où on ne l'a pas bougé de la nuit. Ce ne sont pas les quelques figues séchées qu'elle pourrait lui donner qui changeront la suite.

La suite, vraiment ?

Made part à l'opposé d'Omar qui croyait ne plus faire la guerre, grande ou petite, mais une nouvelle bataille est venue le chercher où il est, par terre, pleurant Dihya morte en héroïne. Et le père de Nour ? Dans la nature. Disparu mais pas dans les flammes.

Un flot de nuages rouges menace jusqu'au ciel, une poussière de feu restée en suspens au-dessus de leurs têtes brasille dans l'air saturé de brûlé.

La terre fume où il y avait leur maison, les bâtiments de l'huilerie ; ne restent que des particules de cendres chaudes, elles volètent, incontrôlables, vous foncent dessus. Le moindre souffle attise ce qui n'existe plus. Seule la meule en pierre est intacte, et les oliviers les plus éloignés. Made fait semblant de chercher lequel elle marquera d'une Nour pour toujours. Il a échappé à l'incendie, *Protégé par les autres qui ont brûlé pour lui*, comment ne pas y penser. Elle hésite à l'entailler avec la lame du couteau, espérant que l'olivier comprendra, il ne tient que par ses racines.

Cet olivier a de particulier d'avoir plus de repousses que de branches, comme s'il était inversé. Ses feuilles au pied du tronc mais bien accrochées et tendres, une ribambelle d'ébauches d'arbrisseaux unis à l'écorce mère ; des rejets, que Made préfère appeler gourmands. L'arbre plus haut est échevelé, ses branches un peu nues. Petite, Made se plantait devant, elle devait basculer la tête loin en arrière pour atteindre le chant de l'oiseau. Un mois durant un chardonneret y avait rejoint son nid. Elle avait reconnu sa tête rouge comme éclaboussée d'un sang, le corps minuscule bariolé, il en sortait des trilles inégaux, on aurait dit qu'il la sifflait et elle tanguait, menton levé, en équilibre sur la terre pour mieux l'écouter, tête en arrière. Timerqemt était si proche et elle ne pouvait le toucher. Il lui semble aujourd'hui qu'elle le regardait dans les yeux de l'arbre, son bel oiseau. Elle ne savait pas encore qu'elle pourrait le piéger, qu'une résine, une poudre de sucre, arrêterait son vol. Elle attendait le matin, déjà l'aube était son heure, elle n'était pas seule dans le monde, venait l'écouter chanter. Elle caresse une dernière fois l'écorce avant de la blesser avec son couteau, y laisser un N gravé en géant.

Avant de quitter La Ferme alors que tous se lamentent, elle, incise l'olivier, il sera sa parole gravée, elle prévient l'arbre, *Je vais te percer, racler et ce sera là, l'Adieu.*

Nour le lira-t-elle ? Qu'en fera-t-elle ?

Cet arbre, Made n'aura que sa mémoire pour l'aimer loin, le plus loin, bien au-delà d'un quai à Alger dans quelques années et le *Kairouan* s'éloigne.

Bien sûr, tu l'ignores, petite Made, mais dans un demi-siècle ta fille marchera exactement où tu es, te cherchant. Et peut-être est-elle passée devant l'olivier indemne sur lequel tu as laissé une trace et deux prénoms.

Les a-t-on déracinés, remplacés, les pris par le feu ? Ta fille préfèrera penser que leurs racines pivot les ont sauvés et une sève l'a emporté.

Devant les arbres elle a pu le croire, la terre sous vos pieds si elle s'est noircie a fini par effacer la brûlure. Elle a compté les minutes qui lui étaient données de ton enfance, un silence insensé, l'a fait parler, te sauver du temps.

Comme il devait être vaste l'horizon pour deux gamines, à essayer de l'atteindre leur cœur s'enchantait de battre à ce point. Elles couraient, couraient d'une même foulée, il n'y avait pas de ligne d'arrivée, il y avait une limite du domaine et ta fille l'a franchie, il lui semble tenir la lame au bout de tes doigts d'enfant, tenir ton crayon, elle serre le chagrin, appuie fort sur une écorce ou le papier. À moins que ce ne soit le chagrin qui appuie, il a gribouillé l'enfance.

*

De l'avoir accepté : abandonner Nour, Made a fait d'un seul été un toujours n'importe quoi. Est-ce que cela faisait d'elle une petite personne maudite ? Elle s'en sera persuadée. Elle, la championne des poseuses de questions, n'osera plus interroger Grand Ma. *Accident*, le seul mot qui lui vienne pour dire et ne rien dire de cette nuit-là ; à peine Made le prononcera-t-elle, sa grand-mère si altière naguère se tasse. Et une petite-fille se taira, n'arrêtera plus de se taire, elle écoutera derrière bien plus que des portes, derrière des murs, sera un tonneau de secrets, les minuscules, les pesants gros comme une montagne, des secrets qui vous dévorent à rester seul avec eux.

Certaines images parce qu'on les a entendues ne disparaissent plus. On a beau les mettre au feu, elles ne brûlent pas et vous brûlent. Nour amputée, Nour l'épaule trop frêle pour être appareillée, une prothèse lui aurait déformé la colonne vertébrale, et Made écoute plus loin. Nour en pleine croissance, l'os mutilé continue de pousser, deux centimètres pointant dans un vide. Tant que la famille est restée en Algérie ils s'en sont informés, après plus rien. Un moignon mal fichu, voilà ce qu'ils lui ont laissé à Nour. Et il a fallu raboter un reste d'épaule, une marmelade. On coupe des cheveux, ses ongles, on coupe un bout de tissu, la viande dans son assiette, et même le tronc d'un olivier. On coupe avec un couteau, des ciseaux, une scie, une hache, on coupe comment un bras ? Made ne sera plus que cela, son amie perdue, et un monde qu'elles chérissaient s'effondre.

Monde sans espérance pour Nour.

Made s'était promis de lui demander avant la fin de l'été si elle voulait un enfant. Quelle famille pour son amie maintenant ? Il ne va plus la vendre, son père. Qu'est-ce qu'elle vaut la femme à un bras ?

Made a un goût de fer dans la bouche, jusqu'à ce raisin ce matin qu'elle n'a pu manger, goût de fer aussi quand de sa manche elle a essuyé une suie sur ses lèvres, il n'y a plus d'acuité en elle. C'est Grand Ma qui lui a attribué l'acuité quand *le petit père* est né, la consoler.

— Un compliment que je ne ferai à personne d'autre.

Made n'est plus cette enfant qui savait ressentir, tout déceler, elle a échoué à sauver son amie.

*

Ce sont les mêmes voitures, la même camionnette, les mêmes passagers qu'hier au moment de partir à la mer ; s'y sont ajoutés Mathilde, Grand Ma, Léa et *le petit père*. Manque Nour. Tous y pensent, un accablement les grignote, grignotera l'huile et les autres du domaine, ils vivaient ensemble, ils y arrivaient, non ? Les gestes seront grignotés, les paroles, les regards seront grignotés. Les essuie-glaces grincent à devoir balayer un pare-brise recouvert de cendres. Made est assise à la même place que la veille. À celle de Nour, il y a Léa, elle vient de poser une main sur le genou de sa fille et pour ne pas en pleurer, Made regarde dans le rétroviseur, cherche l'enfant qu'elle n'est plus. Ce qu'elle voit ?

Une petite, l'épaule fondue dans un feu.

Sa mère veut faire la paix, il y a une minute elle l'a giflée, lui remettre les idées en place ; bien sûr que cette gamine monterait dans la voiture.

— Et on ne se retournera pas ! Il n'y a plus rien pour nous ici.

Plus rien, Dihya et Nour ? Le véhicule franchit les limites de leur domaine, franchit leurs limites, ils n'ont plus de terres, le ciel en est chamboulé, aussi brumeux que chacun dans sa tête.

Le savent-ils déjà, les adultes, qu'aucun ne reviendra ? C'est fini La Ferme.

— Pour qu'une paix vienne, il faut la tempête.

Son père hier l'a lâché devant les tantes, les oncles rassemblés venus aux nouvelles à son retour du dispensaire, savoir comment allait la petite, si elle s'en sortirait. Et répondant à leurs questions, il avait regardé à travers sa famille comme si elle n'était déjà plus là.

Ils viennent de passer devant les masures des ouvriers.

Made exige de descendre.

— Une minute, seulement une minute et je remonterai, promis.

Il y a une telle urgence dans sa voix que cette fois celui au volant ne cherche pas le regard de sa femme et coupe le moteur à quelques mètres de la maison de Nour qui n'est pas une maison. *De la terre montée en meringue*, Made l'avait lancé comme une plaisanterie à son amie, lui avait fait goûter ce mot, grâce à Léa qui réussit à monter une meringue à la main.

Elle n'entend pas les pleurs du *petit père* dans son dos, s'éloigne des récriminations des autres restés dans les voitures, marche vers où elle n'est jamais entrée, n'entrera pas, le réalise, ça ne l'a pas tant gênée que Nour vive là-dedans. Une seule pièce pour tout. Se laver, manger, et chacun dort où il peut. Comment ne pas remarquer les mains en sang de celles assises en rond sur les pavés de la cour après leur journée de travail, occupées à faire des nattes, des paniers ou un tapis en alfa qu'elles vendraient ; ajouter quelques sous à pas grand-chose.

Made tressaille de comprendre tout ce qu'elle n'a pas changé, essayé.

Ce qu'elle tient dans la main, elle doit le donner à son amie qu'elle ne reverra pas, le pose directement au sol, met une pierre dessus que ça ne s'envole pas. Une histoire. Commencée en secret le premier jour de l'été dans le *cahierlivre*, elle en connaît le début par cœur.

Comme la petite Made voudrait qu'elle et Nour soient en tout point pareilles pour toute la vie qui leur sourirait. L'existence quand elle commence a de bonnes dents. Tellement blanches, elles font des étincelles au soleil. On cligne des yeux pour regarder tout qui arrive ~~et on ne voit rien~~.

Elle vient de rayer exprès la fin de la phrase. Au début de l'été, elle était si fière de ne pas s'être trompée entre le conditionnel et le futur, a poursuivi. Une trentaine de pages, la dernière griffonnée cette nuit.

Aura-t-elle eu les mots pour dire la disparition ?

Qu'écrira-t-elle encore ? Encore.

On trouve bien des réponses dans les livres, surtout aux questions que l'on ne peut poser.

Made est trop jeune pour le mesurer, assez grande pour en suivre l'intuition.

D'écrire, elle est une femme et demie.

Et Nour, notre membre fantôme.

Ma mère a quitté La Ferme, enfant.
Arrivée en France à vingt ans, elle n'y est jamais retournée.

Cet ouvrage a été composé par PCA
pour le compte des Éditions J.-C. LATTÈS
17, rue Jacob – 75006 Paris

Imprimé en France par
CPI BRODARD & TAUPIN (72200 La Flèche)
en novembre 2024

PAPIER À BASE DE
FIBRES CERTIFIÉES

JC Lattès s'engage pour
l'environnement en réduisant
l'empreinte carbone de ses livres.
Celle de cet exemplaire est de :
550 g éq. CO_2
Rendez-vous sur
www.jclattes-durable.fr

N° d'édition : 01 – N° d'impression : 3059362
Dépôt légal : janvier 2025
Imprimé en France